M. F. de Saint-Vidal

ET SA FONTAINE

BOUNICEAU-GESMON

M. F. de Saint-Vidal

ET SA FONTAINE

ÉTUDE CRITIQUE

> « *La terre, c'est la Vie !*
> « *Le plâtre, c'est la Mort !*
> « *Le marbre, c'est la Résurrection !* »
>
> CLÉSINGER.

PARIS
ALPHONSE LEMERRE, ÉDITEUR
23-31, PASSAGE CHOISEUL, 23-31

M DCCC LXXXIX

M. Francis de Saint-Vidal

ET SA FONTAINE

I

Dans l'admirable organisation qui a présidé au groupement si plein d'harmonie de toutes les merveilles de l'Exposition universelle, l'un des plus grands mérites de l'ingénieur illustre dont le nom restera à jamais attaché à cette grande œuvre comme celui de Le Play est inséparable de sa devancière de 1867, c'est d'avoir conçu la pensée de placer, sous la Tour Eiffel et dans son axe, une fontaine monumentale qui fût en même temps une œuvre d'art. — Avec la haute portée et la sûreté d'intuition de son génie éminemment décoratif, M. Alphand a parfaitement vu que, réduit qu'il eût été au simple ornement de jardins et de verdoyantes pelouses, le vaste quadrilatère compris entre les quatre piliers qui servent de base au colosse eût été d'une désolante nudité et que l'œil, après avoir été si fortement tiré par l'aspect sévère de cet entre-croisement de lignes géométriques, aimerait à se reposer dans la contemplation d'un imposant motif sculptural projetant autour de lui comme une atmosphère rayonnante de beauté artistique. — Il y a incontestablement là un sens profond de l'Esthétique de son art de la Décoration!

Non, certes, que nous entendions amoindrir ici la valeur du monument titanique qui, se posant d'une façon grandiose en manière de frontispice ou de gigantesque portique à l'entrée du Champ de Mars et comme un immense point d'exclamation, disons même d'admiration, subjugue les regards du spectateur! Nous reconnaissons, au contraire, qu'il y a, dans cette œuvre hardie, un effort du génie scientifique qui commande le respect. — Ce monument colossal qui, nous l'espérons bien, ne sera pas un monument de circonstance, restera comme pour montrer à quel résultat peut, de nos jours, atteindre la précision des calculs élaborés dans le silence du cabinet. Mais nous avouons sans crainte que la grandeur géométrique et le caractère national du monument ne sont pas, à nos yeux, des éléments de beauté. C'est avant tout, on peut le dire, la solution d'un grand problème de mécanique industrielle et de construction métallurgique! La grandeur de l'effet dépend ici surtout de la grandeur des proportions. — Nous ne saurions donc, avec la meilleure volonté du monde, accorder à ce prodigieux effort d'un puissant esprit scientifique la valeur d'une œuvre d'art, et M. Eiffel lui-même serait à coup sûr fort étonné si on lui disait que sa Tour est une œuvre d'imagination rentrant dans le domaine épuré de l'Esthétique.

Ce qui imprime à cette majestueuse partie de l'Exposition le cachet d'une saisissante originalité, c'est le contraste qui surgit du rapprochement sur un même point des prodiges de la Science et des séductions de l'Art. C'est, pendant que l'une lance vers le ciel sa flèche hardie avec l'élégante courbure de ses arêtes et frappe l'esprit du spectateur d'une sorte de stupéfaction admirative pour l'*Utile* et le *Grand*, de voir l'autre éveiller, dans l'âme du même spectateur, par les gracieuses ondulations de la Plastique, son enthousiasme pour le *Beau!* Quelle éloquente synthèse de linguistique universelle résumant toutes les idées de grandeur et de beauté dans cette union, sur le seuil même de l'Exposition, de la Science et de l'Art, ces deux enfants jumeaux de l'esprit humain, se donnant la main dans une intime réciprocité pour le triomphe simultané de leurs produits respectifs!

Pour résoudre le difficile problème de la conception et de l'exécution de l'œuvre magistrale rêvée par le goût de M. Alphand, il fallait le levier d'une puissante envergure d'imagination doublée d'un grand souffle artistique. C'est à M. de Saint-Vidal qu'est échu ce périlleux honneur. Hâtons-nous de dire que le Directeur général de l'Exposition a eu la main singulièrement heureuse dans le choix de cet éminent artiste. Il ne pouvait rencontrer un plus complet ensemble des qualités qui enfantent les grands chefs-d'œuvre. Aussi bien, ce judicieux coup d'œil qui consiste à savoir discerner le vrai mérite et à deviner les grands talents avant qu'ils aient pris une entière possession de la notoriété n'est-il pas l'apanage privilégié des esprits véritablement supérieurs? Ils ont à cet égard une clairvoyance, un tact et un flair qui ne les trompent jamais. Bien qu'il fût déjà connu par des œuvres dignes de fixer l'attention des connaisseurs et dont nous dirons un mot en passant, M. de Saint-Vidal n'avait pas encore, grâce à sa grande modestie, conquis sa véritable place dans l'Art. En lui confiant l'exécution de cette œuvre, M. Alphand lui a ménagé l'occasion d'arriver au complet épanouissement de ses facultés, et, il faut bien le dire, l'artiste a hautement justifié cette confiance dans cette œuvre monumentale qui le met hors de pair. La Fontaine de M. de Saint-Vidal, en lui assurant un nom désormais immortel dans la Statuaire, marquera certainement l'étape la plus glorieuse de sa carrière artistique!

Avant de dire notre sentiment sur l'œuvre de M. de Saint-Vidal, parlons d'abord de l'artiste.

II

M. FRANCIS DE SAINT-VIDAL

Monsieur Francis de Saint-Vidal est né le 16 janvier 1840 à Milan (Lombardie) de parents français. — Sa naissance est marquée par une particularité qui semble indiquer que sa destinée artistique planait déjà sur son berceau, puisqu'il eut pour parrain un sculpteur distingué fort en renom à Milan. Il était fort jeune encore lorsque son père et sa mère vinrent se fixer en France, à Riom (Puy-de-Dôme), où son aïeul paternel exerçait de hautes fonctions judiciaires et a laissé un nom des plus respectés dans la magistrature de cette ville.

Son père, M. de Saint-Vidal, dont la famille était originaire du Puy en Velay où existent encore un château et même un village qui portent son nom, s'était voué à la carrière des Assurances et il a successivement occupé des emplois importants à Riom, à Bordeaux et, enfin, à Paris où il couronna sa carrière par les fonctions de directeur de la branche Grêle à la Compagnie d'Assurances Générales.

Quant à sa mère, elle appartenait à une famille d'origine anglaise et d'un rang social élevé. Fille du colonel Wharton, fort estimé dans l'armée anglaise, elle descendait de Thomas Wharton, homme d'État anglais qui, membre de la Chambre Haute sous Charles II et Jacques II, donna l'esquisse de la fameuse invitation à Guillaume d'Orange, fut nommé par celui-ci à son avènement (1688) contrôleur du Palais, juré du Conseil privé et lord du comté d'Oxford, puis, après avoir, sous le règne de la reine Anne, essuyé une cruelle disgrâce, devint vice-roi d'Irlande et fut fait, sous Georges Ier, lord du Sceau privé et marquis de Wharton et de Malmesbury.

Dès sa plus tendre enfance, M. de Saint-Vidal manifesta pour les Beaux Arts un goût inné. Il montra surtout une passion très vive pour le dessin. Plus tard, au Lycée, sa supériorité sur ce point lui assurait tous les succès. Ces aptitudes naturelles trouvèrent un puissant encouragement dans les exemples qu'il avait sous les yeux au sein même de sa famille. Sa mère, en effet, femme d'une rare intelligence, consacrait tous les loisirs que lui laissait l'administration de son intérieur soit à la Musique, soit à la Peinture et à la Sculpture; et son talent n'était pas simplement celui d'un amateur du monde, mais bien d'une artiste animée du feu sacré, car elle a plusieurs fois exposé au Salon des œuvres remarquées. Le culte des Beaux Arts était, du reste, de tradition dans cette famille, puisque le colonel Wharton avait été lui-même un excellent dessinateur en même temps qu'un musicien distingué. Les vocations spontanées qui n'existent, en général, que chez les natures d'élite ne se développent que dans des circonstances de famille et sous l'influence de milieux propres à en favoriser l'essor. Aussi bien, c'est le précieux privilège des familles où règnent la pratique du travail et le culte du beau et des vertus de provoquer l'éclosion du talent comme de susciter le sentiment de l'honneur. Est-il donc étonnant que, doué d'une riche imagination servie par une volonté de fer, comme enveloppé de l'air ambiant artistique qu'il avait respiré à cet âge où les impressions sont si vives, et sentant, enfin, dans ses rêves d'avenir, sourdre en son âme une intarissable source d'idéales inspirations, M. de Saint-Vidal ait été irrésistiblement entraîné vers la carrière artistique ?

Ce ne fut pas, toutefois, sans de fortes luttes avec sa famille qu'il s'engagea dans la voie que lui traçaient ses aptitudes. Son père, moins touché des séduisantes attractions d'une future gloire artistique que des positives nécessités présentes de la vie pratique pour son fils, fit tous ses efforts pour le retenir sur la pente où il aimait à se laisser glisser. A sa sortie du Lycée, il lui imposa sa collaboration à l'agence de la Compagnie d'Assurances Générales à Bordeaux. — Sa mère, elle-même, malgré son goût pour les Beaux Arts, ou plutôt peut-être même à cause de ce goût dont elle sentait bien que l'exemple avait beaucoup trop influé sur l'imagination de son fils, partageant les idées de son mari sur les mécomptes de la carrière artistique en même temps que ses anxiétés sur cette passion de leur enfant pour la Sculpture, voulut également imprimer une déviation à ses idées enthousiastes. Elle eut même recours, dans ses tentatives à cet égard, à la haute influence d'Alexandre Dumas fils qui honorait le jeune artiste de sa bienveillante attention. Car le grand écrivain, après avoir, en mai 1866, remercié celui-ci de l'envoi d'un buste fort ressemblant qu'il avait modelé pour lui à distance et d'après une simple photographie, ajoutait dans sa lettre pleine d'éloges sur ce buste : « Je vous conseillerais de donner plus

« de temps à cet art de la Sculpture *si Madame votre Mère ne m'avait* « *prié de vous décourager le plus possible* pour que vous ne vous écar- « tiez pas trop de la vie positive. » — Et, un mois après, il écrivait de nouveau au jeune de Saint-Vidal qui lui avait carrément demandé conseil : « Quant au conseil que vous me demandez de suivre en- « tièrement la carrière artistique, c'est un peu délicat. Vous con- « seiller de quitter votre situation pour une profession aléatoire, « dispendieuse, est une responsabilité grave pour un nouveau-venu « comme moi, *surtout après les recommandations toutes contraires que* « *Madame votre mère m'a faites* *. » — Vaines précautions ! La vocation grandissait et surmontait tous les obstacles. Rien ne put comprimer la force expansive dont l'âme du jeune artiste était travaillée, et si, par respect filial, il continua à collaborer avec son père, il se dédommageait amplement de cette contrainte par les études auxquelles il employait tous ses loisirs. Il ne perdait pas un seul instant de vue l'objectif par lequel il était comme hypnotisé. Pénétré de cette maxime d'un spirituel écrivain que « *les spécialités sont les cloîtres de l'esprit,* » il abordait sans crainte et avec ardeur tous les genres d'étude afin d'élargir le cercle de ses connaissances : Sciences, Philosophie, Littérature, Histoire : il fallait un inépuisable aliment à sa passion pour le travail auquel il consacrait même une partie de ses nuits.

* Alexandre Dumas, voyant, cependant, l'irrésistible vocation du jeune artiste, ajoutait dans cette seconde lettre de Juin 1866 : « Si votre vocation vous paraît ir- « révocable, jetez-vous dedans tête baissée, mais n'ayez jamais de regrets ! C'est là « le point essentiel et le point difficile... Réfléchissez donc bien, et si vous vous dé- « cidez pour nous, il faudra retrousser vos manches et faire un labeur de dix à douze « heures par jour pendant dix ans peut-être avant d'arriver, après quoi, si vous avez « un succès, on vous y condamnera et l'on répétera toute votre vie que vous n'avez « jamais fait aussi bien. »

C'est cette gymnastique incessante à laquelle il soumettait avec rigueur son intelligence déjà naturellement ouverte à tous les genres de connaissances, afin de la mieux assouplir et rompre aux difficultés qu'il rencontrerait dans sa marche, qui, en 1870, lorsque son ardent patriotisme, mis à l'épreuve, lui fit un moment abandonner l'art pour voler au secours de sa patrie, lui permit de publier sur *Les Positions centrales et l'investissement des Places fortes* un mémoire dans lequel il s'est appliqué à réduire à des proportions mathématiques le calcul stratégique qui a fait la base de l'investissement de Paris et des opérations qui s'y rattachent, mémoire qui a jeté une vive lumière sur cette question si ardue et tant discutée et qui lui a valu, non seulement en France, mais encore à l'Étranger, les unanimes suffrages des plus hautes compétences du génie militaire résumés dans ce mot écrit par l'une d'elles : — « Ce « mémoire a sa place dans chaque bibliothèque militaire, et je le « fais circuler parmi les officiers les plus anciens de l'État-Major « qui sont tous de mes amis. »

L'étude qui était, cependant, dans ce feu croisé d'occupations, l'objet de ses plus chères prédilections, c'était celle de l'Anatomie qu'il faisait marcher de front avec ses continuels essais de sculpture sur bois et sur pierre. Sa curiosité ne pouvait, sur ce point, s'en tenir à des notions élémentaires et simplement superficielles. C'était à fond qu'il poussait cette étude parce qu'il était convaincu qu'elle était la seule base solide de l'Art sculptural. Sachant bien que la théorie est stérile quand elle est isolée de la pratique, il ne pouvait se contenter des ouvrages sur l'anatomie enrichis même des plus belles et démonstratives planches et gravures. Comme il voulait avant tout surprendre à la nature ses secrets, c'est sur le cadavre humain qu'il avait à cœur de creuser cette science. Le scalpel lui paraissait être le préliminaire indispensable de l'ébauchoir. Aussi, tout en suivant avec assiduité le cours d'anatomie de l'école de médecine de Bordeaux, faisait-il en même temps, comme s'il se fût voué à la carrière médicale, de la dissection, afin de ne rien ignorer de la charpente osseuse et de la structure musculaire du corps humain ! Et son expérience l'a tellement pénétré de cette vérité qu'avant d'être un bon statuaire il faut être un excellent anatomiste que, encore, à l'heure présente, il a toujours en poche un bon ouvrage d'anatomie dont il fait son inséparable bréviaire.

Et, afin de compléter la souplesse à laquelle il rêvait d'atteindre et d'affranchir son esprit de toute entrave, il se livrait, en même temps, à un exercice bien fait pour lui aplanir la route semée d'obstacles qu'il allait parcourir mais singulièrement difficile. Convaincu que l'absence totale d'invention et d'enthousiasme qui caractérise la plupart des œuvres contemporaines de la Peinture et de la Statuaire procède de l'exclusive et asservissante étude du modèle d'atelier et que la Science seule, qu'on ne possède jamais assez, peut dégager l'esprit des liens de la servile imitation de la réalité, M. de Saint-Vidal dessinait constamment des mouvements ou des morceaux pris directement dans la nature, mais de pure mémoire, dans le but de fortifier son esprit et de le trouver toujours prêt à répondre à sa pensée en dehors de la présence du modèle.

C'est dans ces dispositions si heureuses qu'il fit la double connaissance d'Alexandre Dumas fils et du grand sculpteur Carpeaux. Le hasard lui avait fait rencontrer le premier à Étretat en 1865, et, honoré de la haute bienveillance de l'illustre académicien qui avait deviné sa nature artistique, il fut, un an après, présenté par lui au second qui était son ami. — Il ne fallut pas grand temps à Carpeaux pour juger le jeune artiste. Une étude rapidement improvisée dans une matinée à l'atelier du grand statuaire fut le point de départ d'une amitié qui dura jusqu'à la mort de celui-ci, amitié tellement étroite qu'au bout de deux ans seulement et en 1868 Carpeaux lui écrivait : — « Si vous avez quelque satisfaction du « hasard qui m'a mis sur votre chemin, vous pouvez être assuré, cher « ami, que j'ai pour vous un bien sincère et vif attachement et que « je vous aime de tout mon cœur. Que mes vœux nous fassent vivre « l'un près de l'autre, afin que vos lumières, vos nobles aspirations « et l'enthousiasme qui vous anime puissent se développer autant « par l'amitié que par le plaisir de les partager ! »

Les conseils du grand maître qui lui écrivait en même temps qu'en creusant la science anatomique à laquelle il le félicitait « de s'être voué tout entier, » il allait « trouver bientôt le levier « et le point d'appui pour faire des œuvres bien supérieures aux « errements du présent, » pronostiquant ainsi, dans chacune de ses nombreuses lettres, le plus brillant avenir à son jeune ami, portèrent bientôt leurs fruits. Puisant dans ces affectueux conseils si éclairés le plus puissant des encouragements à suivre la carrière par lui choisie, M. de Saint-Vidal ne tarda pas à produire, en effet, des œuvres dignes de remarque et qui lui méritèrent l'admiration du maître lui-même, puisque celui-ci, en 1869, lui écrivait après avoir vu le buste qu'il avait modelé du général Bonaparte : — « Votre œuvre est pleine de verve et de tournure, ce qui est rare « à notre époque. Ce que je désire, c'est que vous puissiez conti- « nuer à donner la mesure de ce que vous possédez. »

Chaque année était marquée par plusieurs compositions importantes. C'est ainsi que M. de Saint-Vidal a modelé une grande quantité de bustes d'hommes illustres, dans lesquels il a, en effet, « donné la mesure » de son rare talent d'observation. — Les bustes, notamment de Beethoven, d'Alexandre Dumas fils, de Carpeaux, de Berlioz, nous ont montré que M. de Saint-Vidal n'avait à redouter aucune rivalité dans l'art de comprendre et d'interpréter le masque humain dont le principal but doit être, avant tout, de pénétrer le sens intime et psychologique d'une physionomie et de traduire, d'une façon saisissante pour les regards même les moins exercés, la pensée qui a dominé toute la vie du modèle.

Prenons, par exemple, son buste de Beethoven qui marque le point culminant de son talent en ce genre. Ne résume-t-il pas admirablement le caractère de souffrance qui plane sur la vie de ce grand artiste, laquelle n'a été qu'un rude calvaire suivi d'une longue agonie? Beethoven eut, on le sait, une enfance fort agitée, et, dès ses premières années, il révéla les inégalités maladives de son humeur misanthropique qui, surexcitée par la fierté et l'indépendance de son caractère, imprima à son esprit cette glorieuse insubordination à laquelle il doit sa puissante originalité. Loin de s'adoucir, ces dispositions premières s'exaspérèrent sous l'influence des souffrances physiques, des chagrins domestiques et des défaillances morales nées de ses cruelles déceptions. — Trois étapes dans la douleur morale marquent surtout la vie de Beethoven; la première fut celle de son amour malheureux et incompris pour Mlle de Honrath qui lui causa les plus cuisantes angoisses; la seconde fut le mariage de Mlle Giuletta di Guicciardi qu'il avait éperdument aimée, et qui, par cet abandon, faillit causer le suicide du grand artiste dont l'âme était pourtant aussi religieuse que son génie était à la fois grandiose et charmant. On connaît ce cruel épisode de la vie de Beethoven. Il s'éloigna un jour de Vienne comme un lion blessé qui porte en ses flancs un trait empoisonné, et, durant trois jours, il erra dans la campagne solitaire en proie à sa douleur que rien ne pouvait apaiser. Il fut trouvé gisant au bord d'un fossé, décidé à se laisser mourir de faim. Enfin, sa surdité, survenant après ses plus grandes inspirations, mit le comble à son désespoir en le condamnant irrémédiablement à ne jamais entendre ce qui fera le charme éternel de la Postérité et en lui fermant ainsi l'accès du sanctuaire qu'il remplit de ses sublimes accents et de ses mystérieuses sonorités. Etait-il donc étonnant qu'après cet épuisement de la coupe des amertumes les traits du visage de Beethoven reflétassent les orages de son âme impétueuse? Or, on retrouve dans le buste de M. de Saint-Vidal tous les traits de cette physionomie : sa tête puissante, ses cheveux abondants et fortement enracinés, son front ample qui, par son plissement, semble sillonné par l'éclair des tempêtes, et ses sourcils épais et fauves sous lesquels on voyait luire son regard dominateur assombri d'une humeur sauvage et de cette indéfinissable mélancolie qui est le partage de tous les hommes supérieurs parce qu'ils ont bien vite compris que cette vie n'est qu'un fallacieux mirage! Jamais la douleur morale n'a creusé sur le visage humain une plus profonde empreinte! on lit de suite sur cette physionomie toute l'amertume des désillusions de la vie d'un grand artiste subitement atteint de la plus cruelle des infirmités pour un musicien. — En contemplant ce *facies* tourmenté d'une indicible douleur dont Beethoven a déposé la déchirante expression dans l'*andante* de la symphonie en *la*, ne dirait-on pas qu'en modelant son buste M. de Saint-Vidal s'est inspiré de ce passage du testament du grand artiste? — « Je suis condamné à vivre comme un « proscrit. Que de pensées amères sont venues m'assaillir dans cette « solitude profonde! que de fois j'ai conçu le funeste projet de « trancher violemment le fil de ma destinée, si l'art, l'art immortel « n'eût arrêté ma main homicide! »

On retrouve encore dans les autres bustes de M. de Saint-Vidal la même profondeur, la même précision d'analyse psychologique.

Il possède tellement bien la topographie du visage, il connaît si bien le jeu de ses muscles et a si bien étudié le mécanisme et le secret des rides et des plis de la physionomie, de ses creux et de ses reliefs, que, dans le buste d'Alexandre Dumas fils, il a fait ce tour de force de modeler sur une simple photographie, ce qui est le comble de la difficulté, et on est véritablement émerveillé de cette habileté d'exécution et de cette hardiesse d'interprétation. Aussi, le grand écrivain lui écrivait-il en 1866 en le remerciant de ce buste : — « J'ai été étonné de l'ampleur d'exécution, du goût et « de la proportion exacte de cette œuvre faite sans modèle et « sans renseignements précis. Il est admirablement composé : vous « avez le sentiment de la vie et de la chair. Le regard est net, « la peau souple. Tout cela est très bien : c'est plus qu'une pro- « messe ; c'est déjà une preuve ! »

Nous en dirons autant du buste de Carpeaux dont le marbre a été commandé par l'État et qui figure au Musée de Versailles. C'est encore d'après des photographies qu'il a été modelé et avec une perfection d'autant plus grande qu'après une première épreuve M. de Saint-Vidal l'avait refait sur la lettre suivante d'Alexandre Dumas : — « J'ai reçu votre buste de Carpeaux que j'ai trouvé « d'une exécution remarquable et qui rappelle le faire du maître. « Je ne le trouve pas suffisamment ressemblant. Il est un peu trop « idéalisé, un peu trop jeune, un peu trop blond. Je vous envoie « une photographie que vous n'aviez peut-être pas et qui vous « donnera tout le caractère de la physionomie. Je vous remercie « d'avoir pensé à m'envoyer cette épreuve qui est une très belle « chose en dehors de la ressemblance et qui est de la bonne école « de celui que vous regrettez tant. Courage ! vous avez tout ce « qu'il faut pour le continuer et cela bien sincèrement. Tout à « vous. » — Cette œuvre, en effet, justifie entièrement le prenostic d'Alexandre Dumas fils et de Carpeaux sur le rang élevé que M. de Saint-Vidal occuperait un jour dans l'Art. Elle prouve que l'artiste peut modeler sans avoir la nature sous les yeux, qu'il redresse, modifie, élargit tout, qu'il pétrit la physionomie et la fait sienne, la métamorphose et l'idéalise, comme le dit Alexandre Dumas, l'ennoblit enfin et l'élève, et ce buste du grand Carpeaux est d'autant plus admirable de mouvement et de vie que le talent de l'artiste a été ici puissamment guidé par le cœur de l'élève reconnaissant et de l'ami.

Au surplus, voici le jugement porté par le grand maître lui-même sur M. de Saint-Vidal, trois ans avant sa mort et le 30 octobre 1872, lorsqu'il reçut de celui-ci le buste du feld-maréchal de Moltke : — « Bravo, mon cher ami, le buste que vous venez de « m'envoyer est la preuve complète de mes prévisions. Je tiens « toujours ce que j'ai dit à madame votre mère à mon atelier du fau- « bourg Saint-Honoré : vous êtes capable de tout entreprendre. « La Sculpture vous aurait donné avec une rapidité inouïe une « place brillante. N'est-il pas encore temps de prendre une re- « vanche, c'est-à-dire d'entrer tout d'un coup dans la carrière et « d'y semer quelques belles inspirations dont votre grand carac- « tère est capable ? Ce buste de de Moltke est d'un beau caractère, « d'une pose simple, d'une expression ferme et d'un modelé « accentué. Vous montrez dans cette œuvre tout ce que l'on « cherche dans les académies sans le trouver ; c'est que vous êtes « organisé observateur. C'est le grand secret qui mène au génie « directement. Que je voudrais vous voir chargé par l'administra- « tion des Beaux-Arts d'un travail dont vous feriez le choix comme « programme ! Allons, mon cher ami, noblesse oblige ! encore « un peu de volonté et vous atteindrez une belle place dans l'Art ! »

Sans entrer maintenant dans l'analyse du buste en plâtre de Berlioz qui, exposé au Salon de 1886, appartient au compositeur Benjamin Godard, des bustes de Mme Morgan (du Colorado) exposé au Salon de 1887, de l'Égyptienne au Salon de 1888, de Bossuet, de Beaudrimont, de Meyerbeer, de Mmes de Larochefoucauld et de Morgan, de Marie-Rose Perkins, de Stucklé, Jeanne Granier, Théo, Judic, Peschard, Prelly, une Bacchante, Violetta, bustes dans lesquels, tout en serrant la nature de près et engageant avec elle une lutte corps à corps, M. de Saint-Vidal se garde bien de commettre la faute de tant d'artistes qui font à tort intervenir dans le modelage de la tête humaine la science de Gall et de Spurzheim, les protubérances crâniennes conduisant inévitablement à la méconnaissance du volume normal de la tête, disons que les bustes de M. de Saint-Vidal, marqués tous au même coin, rendent avec une étonnante clarté le caractère individuel de chacun de leurs modèles. Il est palpable, pour tout homme familiarisé avec la réalité, que M. de Saint-Vidal a eu pour objectif, dans ces bustes, autre chose que la reproduction littérale de la nature. Il s'est attaché à exprimer le caractère fondamental de chaque physionomie et la peinture de l'âme non seulement dans la mobile expression du visage mais encore dans la structure même du masque. Il sait mettre dans les traits du visage une si vibrante animation, une harmonie si savante, une logique si réelle que, au premier aspect, la différence qui sépare le marbre sculpté de la réalité vivante disparaît et que, vient-on à comparer ensuite le buste au modèle vivant, on constate aussitôt que le grand mérite de M. de Saint-Vidal consiste à interpréter la nature.

A ces œuvres marquées d'une si vigoureuse empreinte du talent de leur auteur vinrent s'en ajouter de plus importantes encore qui, aux Salons annuels, que M. de Saint-Vidal avait été, malgré les encouragements de Carpeaux, si longtemps à vouloir aborder, tant il tenait par-dessus tout à conquérir auparavant une science consommée, frappèrent l'attention des connaisseurs.

Aussi, ses succès grandissant chaque année et portant ombrage aux sculpteurs déjà connus lui attirèrent-ils d'envieuses rivalités. Pouvait-il donc échapper à l'inévitable loi commune qui atteint les talents supérieurs et dont n'avait pas été exempt le grand Carpeaux lorsque apparut son *groupe de la Danse**. Capable d'enfanter des œuvres de premier ordre, M. de Saint-Vidal devait s'attendre aux morsures du serpent de l'envie et certes elles ne lui ont pas manqué! Déjà, lorsqu'en 1870 il publia son beau travail *sur les fortifications*, il avait été victime d'insinuations dans lesquelles le ridicule le disputait à l'odieux. En 1877, il expose son *Année Terrible*, œuvre d'un très beau caractère, et tout aussitôt l'Envie se déchaîne en l'accusant d'avoir obtenu cette composition à l'aide d'un procédé justement exclu de la Statuaire, le moulage sur nature! Comme si une semblable accusation n'était pas le comble de l'absurdité vis-à-vis d'un artiste qui s'est toujours piqué, dans ses créations, de faire prévaloir l'invention et la méditation sur la servile imitation de la réalité! Mais l'envie n'est-elle pas le plus grand des hommages à la supériorité du talent?

En 1882, il expose au Salon sa *Camille endormie* dont la pensée lui avait été inspirée par ces vers d'André Chénier :

« O Camille, tu dors! tes doux yeux sont fermés.
« Ton haleine de rose aux soupirs embaumés
« Entr'ouvre mollement tes deux lèvres vermeilles!

* Voici en quels termes le grand statuaire exhalait ses douloureuses impressions dans sa lettre du 29 septembre 1869 à Francis de Saint-Vidal : « Tout ce qui s'est « passé est bien fait pour faire réfléchir. Je croyais bien que cette œuvre ferait par- « ler, mais j'ignorais à *quel point les passions pouvaient se déchaîner pour un bout de « pierre plus ou moins bien sculpté!* »

Cette jeune fille couchée sur un lit de repos et dont le corps à demi recouvert ne laisse voir que la partie supérieure du torse, la tête, les bras et les pieds, est une des plus charmantes œuvres de la Statuaire contemporaine. Rien de ravissant comme ce beau visage de vierge d'une adorable pudicité rehaussée encore par le calme d'un sommeil paisible, symbole de la pureté de l'âme !

En 1883, il expose, enfin, son *groupe de la Nuit* qui n'était que l'embryon de la Fontaine de la Tour Eiffel, composé seulement de quatre figures de grandeur naturelle, modèle en plâtre du marbre commandé par M. Edmond Dollfus, œuvre qui reparaît au Salon de 1884 en marbre grandeur demi-nature en même temps que le modèle en plâtre de sa *Captive.* Que pourrions-nous dire de plus juste sur cette importante composition que ce que l'amiral de Jonquières en écrivait à l'artiste : « Mon sentiment est que votre « groupe est une œuvre de premier ordre, aussi remarquable par « l'élévation et la noblesse de l'inspiration que par la chasteté, la « grâce et l'habileté de l'exécution. Carpeaux eût été incapable de « concevoir et d'exécuter aussi bien. Il eût fait du tourmenté et du « sensuel, mais rien qui approchât de cette sérénité qui convient au « sujet, de cette majesté tranquille qui est le *nec plus ultra* de la Sta- « tuaire. » Certes, personne n'a plus d'admiration que nous pour certaines œuvres de Carpeaux et notamment pour son magnifique *groupe d'Ugolin* qui rappelle un peu le *Laocoon* et dont on peut admirer le bronze au Jardin des Tuileries. Son *groupe de la Danse* lui-même, malgré son caractère de réalisme brutal, nous enchante par la verve endiablée et l'intensité d'animation des figures qui le composent ! Mais Carpeaux était avant tout un *Réaliste*, tandis que M. de Saint-Vidal est un *Idéaliste !*

Le trait caractéristique du talent de M. de Saint-Vidal, qui appartient incontestablement à la famille des grands artistes de race, c'est une libre interprétation soit de la nature, soit des chefs-d'œuvre si parfaits que nous ont légués l'Art antique et la Renaissance dont il est imbu. Il sait, dans la puissante initiative de ses conceptions, s'affranchir avec une entière indépendance des entraves d'une imitation servile soit de la réalité, soit de l'Art grec et de l'Art florentin, et c'est en cela qu'il se distingue de tant d'artistes contemporains.

Il est, en effet, de nos jours, nombre d'artistes qui, attachant plus d'importance au travail de la main qu'au travail de la pensée et négligeant, par conséquent, de subordonner l'ébauchoir ou le ciseau à la volonté vraie, c'est-à-dire à la volonté préconçue, se circonscrivent d'une manière exclusive dans l'étude du modèle vivant et se bornent ainsi à la transcription littérale de la réalité. Indépendamment, d'abord, de ce que c'est une espérance folle que celle qui vise à reproduire, à copier la réalité à l'aide de moyens bien différents de ceux dont dispose la nature, parce que, dans cette lutte au-dessus des forces humaines qu'ils engagent avec la nature, les Réalistes seront toujours nécessairement vaincus, les œuvres conçues dans cet esprit d'étroite imitation de la réalité ne sauraient jamais, dépourvues qu'elles sont d'idéal, enchaîner l'admiration. — N'est-ce pas, du reste, à cette doctrine fausse qu'il faut attribuer la plupart de ces œuvres laborieuses et insignifiantes qui peuplent chaque année le Salon? — Sans doute, nous reconnaissons qu'il y a souvent dans ces compositions prosaïques et mesquines un réel savoir, des preuves certaines de persévérance et de bonne volonté. L'habileté manuelle, l'adresse et un certain talent d'exécution ne manquent pas à la plupart de ces artistes. Mais vous chercheriez vainement dans ces œuvres la trace de la pensée et de la méditation. Pas la moindre spontanéité d'inspiration! Pas la moindre invention! Et la raison en est bien simple :

pour produire un bel ouvrage, selon ces artistes qui n'ont de remarquable que l'indigence de leurs idées, il ne faut qu'un *beau modèle*. Aussi, ces œuvres éphémères qui peuvent bien un moment captiver l'attention, grâce au modelé et à l'habileté de l'exécution, sont-elles condamnées à un rapide oubli par le motif qu'elles manquent de la condition fondamentale de l'Art, c'est-à-dire de la conception, de l'invention assortie de l'interprétation, de l'agrandissement de la Nature, et c'est d'elles que l'on peut dire ce que disait Victor Hugo à David d'Angers :

« La forme, ô grand sculpteur, c'est tout et ce n'est rien !
« Ce n'est rien sans l'esprit, c'est tout avec l'idée ! »

A Dieu ne plaise que nous entendions ici soutenir que l'étude de la Nature doive être laissée de côté. Il y a, au contraire, dans cette étude du modèle vivant, une épreuve féconde, une salutaire préparation, une indispensable initiation qu'il faut proclamer comme un principe essentiel. C'est même la base fondamentale de toute composition sérieuse. Il ne saurait y avoir d'Art solide sans l'étude de la réalité. Mais il ne faut, en même temps, jamais oublier que, pour le statuaire comme pour le peintre, la réalité ne doit être qu'un moyen et jamais un but ! — L'art, en effet, dans sa magnificence et la diversité de ses modes, n'est pas seulement une judicieuse juxtaposition ou combinaison des éléments et des détails choisis de la réalité, c'est, avant tout, la transfiguration de la Réalité !

Il est une autre école d'artistes qui, sacrifiant au respect de la Tradition l'imitation de la Nature et négligeant l'étude du modèle vivant pour ne s'absorber que dans celle des chefs-d'œuvre de l'Antiquité et de la Renaissance, proclame qu'il ne saurait y avoir dans l'Art de grandeur et de vraie beauté sans l'étude sérieuse et bien appliquée de l'Art antique! — Certes, il est incontestable que le respect de la Tradition doit avoir une large part dans le travail de l'artiste. Cela est si vrai qu'il n'y a de véritablement grands artistes que ceux qui, comme Michel-Ange, ont eu une connaissance profonde de l'Art grec. Il est de toute évidence que ce n'est jamais impunément que le sculpteur méconnaît l'importance de l'histoire de l'Art et ferme l'oreille aux conseils du passé. Mais, de même qu'il ne faut pas enchaîner l'inspiration de l'artiste dans l'exclusive étude du modèle vivant, de même il ne faut pas davantage l'emprisonner dans la Tradition comme dans un moule conventionnel qui amènerait une perpétuelle monotonie dans la forme comme dans la conception et un véritable abâtardissement de l'Art. Ces deux méthodes extrêmes sont aussi incomplètes et stériles l'une que l'autre. L'étude de l'Art grec ne saurait suffire à elle seule pour former un artiste, mais elle doit lui servir de guide dans l'étude de la nature et peut lui fournir ainsi le secret de donner à ses ouvrages la noblesse, la grandeur, le sentiment de la vraie beauté plastique! L'antique est à coup sûr un excellent modèle que les statuaires modernes doivent toujours consulter. Mais ils doivent soigneusement se garder d'une imitation trop directe et ne voir dans les chefs-d'œuvre de l'Art grec qu'un conseil et un enseignement qui ne les dispense ni de l'observation du modèle vivant ni surtout de l'invention; car il ne saurait y avoir d'art sans l'indépendance.

Il est, on le voit, également dangereux de copier le modèle vivant et d'imiter trop étroitement l'Art antique. Ce serait méconnaître absolument les lois de l'intelligence humaine et, en particulier, celles de l'imagination, que de se cantonner exclusivement dans l'une ou l'autre de ces deux méthodes extrêmes. Ce qu'il faut pour être un grand artiste, c'est d'accorder une égale part à l'étude de l'un et de l'autre en les comprenant et les interprétant parallèlement. Il faut, en un mot, comme l'a si bien dit Thoré, que la Nature et la Tradition s'unissent, dans l'esprit de l'artiste, par un mariage mystérieux qui, sous l'influence de l'inspiration personnelle, produit un enfantement. N'est-ce pas la loi de toute génération aussi bien intellectuelle que naturelle? Ce qui importe surtout ici, c'est, une fois qu'on est pénétré de la Nature et de l'Histoire par l'interprétation de l'une et de l'autre, de concevoir une œuvre originale qui ne ressemble à rien de ce qui a été fait dans le passé, œuvre qui réponde à un type idéal qui est dans l'imagination de l'artiste, à cette image, à ce modèle intérieur dont parle Cicéron et que Phidias avait toujours devant les yeux quand il modelait son *Jupiter Olympien*, sa *Minerve Area des Platéens* et son *Thésée* du Parthénon !

Partout où vous verrez, en effet, comme à notre époque, les procédés du métier se substituer à l'action directe de l'imagination dans le domaine de l'Art, soyez certains qu'il y a pervertissement de notre goût, abaissement de nos facultés. La volonté et les savants artifices ne sauraient tenir lieu de l'inspiration absente et suppléer à la voix mystérieuse du sentiment! Ce qu'on appelle vulgairement *le Goût* est une réunion quintessenciée de toutes les nuances délicates de l'esprit et du cœur, et les Arts ne font que reproduire l'Idéal qui est en nous et que nous voudrions réaliser ici-bas!

Le but suprême de l'Art doit donc être, en combinant l'étude du modèle vivant avec celle de l'Art antique, de manière à ne pas greffer maladroitement l'un sur l'autre, de les interpréter tous les deux d'une façon indépendante, en les complétant par l'invention ; car autant le Réalisme est impuissant, autant l'interprétation est féconde!

Or, justement, de même que Michel-Ange, Ghiberti, Puget ont interprété l'Art grec en même temps que la Nature; de même que Phidias, au lieu de copier étroitement l'ancien style *éginétique* de Sicyone et d'Argos, le transformait en en corrigeant la sécheresse et la raideur et l'interprétait ainsi comme la réalité elle-même, tout en obéissant à son inspiration personnelle, de même M. de Saint-Vidal, pénétré de la même méthode, en interrogeant la Nature pour lui surprendre le secret de ses formes et la vérité de ses lignes, s'inspire en même temps de l'esprit d'indépendante imitation de l'Art grec qui a guidé les grands statuaires de la Renaissance. C'est-à-dire que, partant de la réalité et du souvenir de l'Art antique, il interprète l'un et l'autre en les subordonnant toujours à son inspiration personnelle. Il transforme son modèle et en corrige la sécheresse en l'étudiant et en le comprenant de plus en plus profondément. Loin de mettre, enfin, comme la plupart des sculpteurs contemporains, la partie plastique de son Art au-dessus de la partie intellectuelle, et bien différent de ces artistes qui n'assignent à la conception qu'un rang secondaire, il a le goût de la méditation dont il comprend toute l'importance, et il n'a qu'une ambition, celle de traduire, sous une forme à la fois gracieuse et imposante, une pensée personnelle et d'offrir aux regards une œuvre singulièrement originale et qui n'éveille le souvenir d'aucune œuvre antérieure et connue.

Et cette faculté génératrice de l'inspiration et de l'originalité qui constitue les grands artistes en leur donnant le secret de revêtir la forme de l'invention et de la pensée ne peut dériver que d'une connaissance approfondie lentement acquise, assimilée, digérée de tout ce qui peut élever l'Esprit en le cultivant. — Sans doute l'imagination est ici le grand facteur; mais il faut qu'au lieu d'être abandonnée à elle-même elle soit éclairée et réchauffée à l'ardent foyer d'une vaste érudition. Science, Histoire, Mythologie, Lettres, Philosophie, le sculpteur vraiment digne de ce nom doit faire précéder l'exercice de son Art de tout ce qui peut élargir et fortifier sa pensée. Il doit être tout à la fois savant, poète, penseur, parce que sans la Science il ne peut rien créer de vrai, sans la Poésie rien concevoir d'harmonieux et rien élever ni idéaliser, et sans la Philosophie et l'Histoire, enfin, comment pourrait-il arriver à l'expression des passions, trouver la raison d'être des choses et se pénétrer du caractère moral de son temps? Si habile que soit un artiste dans le maniement de l'ébauchoir et du ciseau, si son esprit manque de cette base complexe et solide, il ne pourra jamais produire une œuvre puissante et originale animée d'un véritable souffle poétique. — Pradier n'est-il pas le plus frappant exemple de cette vérité? Aucun statuaire, à coup sûr, n'a poussé plus loin que lui la perfection de la forme et l'habileté de l'exécution. Son adresse à tailler le marbre a été sans rivale; mais, comme son objectif avait toujours été plutôt de graver dans sa mémoire les lignes de l'Art antique que de nourrir son esprit de la lecture des poètes, des historiens et des philosophes, il a été nécessairement plutôt conduit au culte de la forme qu'à la recherche de l'idéal et de l'expression. Aucune de ses œuvres ne démontre mieux cette absence chez lui de l'élément intellectuel de son Art que son *Cyparisse*, car sur un corps d'une grâce de formes achevée il a placé une tête totalement dépourvue d'expression et qu'il avait, comme le fait remarquer avec raison Gustave Planche, prise parmi les masques accrochés aux murailles de son atelier, se contentant ainsi d'une épreuve surmoulée *. C'est justement ce défaut

* Le grand sculpteur Rude a dit avec raison : « Veut-on, en général, juger de la « valeur réelle intrinsèque d'un artiste? que l'on s'attache surtout aux têtes de ses « personnages! cela est vrai surtout pour la Statuaire. »

d'instruction qui est l'écueil de tant d'artistes contemporains. Ils commencent immédiatement à faire de la sculpture avant d'avoir acquis cette universalité de connaissances qui seule peut donner à l'esprit l'envergure et la souplesse nécessaires pour concevoir des œuvres empreintes d'un souffle poétique. Aussi, tout habiles modeleurs qu'ils sont, éprouvent-ils le plus cruel embarras pour peu qu'ils aient à exécuter un groupe en ronde-bosse ou en bas-relief dont les personnages sont empruntés à l'Histoire, à la Mythologie ou à la Littérature, parce que, habitués à ne voir dans la Sculpture que le culte de la forme matérielle, ils ne peuvent jamais arriver à l'expression des pensées complexes qui doivent animer leurs figures. De là ce Naturalisme froid et sec qui caractérise en général les productions de l'Art contemporain et qui est le signe certain de la dégénérescence de l'Art! — Voyez, par contre, Raphaël et Michel-Ange! N'est-ce pas grâce à leur profonde connaissance des Lettres et des Sciences qu'ils sont devenus de si grands artistes? Jean Goujon, parlant justement de ces deux géants de la Peinture et de la Statuaire, ne nous dit-il pas qu'il ne faut pas négliger la culture des Lettres et des Sciences et que : « C'est à cause que ces « deux maîtres se sont tant curieusement délectés à poursuyvre ce « noble subject que leur immortelle renommée est espandue parmi « toute la circumférence de la terre? » Ce grand artiste ajoute : « Que tous les hommes qui n'ont point estudié les Sciences et les « Lettres ne peuvent faire œuvres dont ils puissent acquérir « guères grande louange, si ce n'est par quelque ignorant ou per- « sonnage trop facile à contenter. »

C'est pour cela que M. de Saint-Vidal produit à son tour des œuvres qui se distinguent par un véritable sentiment artistique, par des expressions voulues et raisonnées, et qui lui assurent la place désormais privilégiée qu'il occupe dans l'Art moderne. Pénétré de cette double vérité que la Sculpture échappe moins encore peut-être que les autres arts à la loi d'après laquelle le secret des grandes œuvres est dans l'élévation de l'intelligence fécondée par une culture complète plutôt que dans l'habileté des procédés du métier et que, loin d'être l'art de traduire simplement la forme, elle est surtout l'art de revêtir celle-ci de la pensée et de l'idéal, il a vécu dans une intimité permanente non seulement avec les grands poètes et les grands historiens et les philosophes mais encore avec ces titans de l'harmonie qui s'appellent Beethoven et Mozart! Sa pensée alors, en s'élevant dans cette fréquentation du génie poétique, lui a permis d'entrevoir cet Idéal sans lequel, comme le dit Victor Hugo, la forme n'est *rien* et avec lequel elle est, au contraire, *tout*, et qui est la condition fondamentale du grand Art! Aussi, jamais M. de Saint-Vidal ne modèle à froid. Il ne sculpte qu'avec une idée!

Si M. de Saint-Vidal n'avait pas été dans la nécessité de frayer sa voie et de marcher seul et sans guides durant plusieurs années, il est probable qu'il n'aurait pas acquis le talent individuel et original que nous sommes heureux d'admirer aujourd'hui. On voit que la Nature n'a pas été son unique éducatrice, car l'Art grec et l'Art florentin ont exercé sur ce talent une puissante action.

Le souvenir des humbles débuts de M. de Saint-Vidal qui, en 1858, exposait son buste à Bordeaux, la connaissance des difficultés qu'il a rencontrées sur sa route, mais surtout cette vertu si rare dont il est doué et qui, sous le nom de modestie, sert de voile au mérite humain comme le ciel de transparent à Dieu, ne font qu'ajouter à notre admiration pour son talent. Quand, mesurant le chemin parcouru, nous comparons le point de départ au but qu'il a atteint, nous ne pouvons nous empêcher de voir en lui un des témoignages les plus éclatants de ce que peut *la Volonté*.

Lorsque, après avoir surmonté les obstacles opposés à sa vocation artistique et avoir puisé dans ce labeur incessant dont nous avons parlé une science si vaste, M. de Saint-Vidal a pu secouer le joug de l'obscurité, signer ses œuvres et les soumettre au jugement du public, et Dieu sait s'il a encouru ici le reproche d'impatience, puisque, plus préoccupé de bien savoir et de bien faire que de courir après des succès faciles, il fuyait presque systématiquement les Salons annuels, il a recueilli les fruits glorieux de ses obscures études! Il s'est trouvé alors armé d'un savoir tellement varié qu'il a pu se jouer des difficultés qui sont l'écueil de tant d'artistes auxquels manque la Science. Il était désormais à l'abri de toute hésitation et marchait sur un terrain solide. Il avait, avec une rare persévérance, frayé la route où chaque étape était marquée par un triomphe. Les fleurs de la Jeunesse avaient été charmantes! Était-il étonnant que les fruits de l'âge mûr fussent beaux et savoureux?

Sa persévérance! Elle a été admirable et peut être proposée en exemple à tous les esprits impatients qui se plaignent d'être incompris ou méconnus! Sans se laisser abattre ou décourager par les récompenses prodiguées à des émules bien loin de le valoir et sans même élever le moindre murmure contre ses juges, soutenu par l'espérance et par cette conviction que le succès ne manque jamais ici-bas de venir aux patients armés de courage, il a lutté contre les difficultés de la Destinée. Trempé dans cette inexorable lutte de la vie, il n'a pas un seul instant perdu confiance dans l'avenir, et cette confiance a été justifiée. Au lieu de briser son ébauchoir dans un accès de désespérance comme tant d'autres l'eussent fait, il a compris qu'un jour viendrait pour lui tôt ou tard où le public rendrait pleine justice à ses nobles efforts, et, en attendant, dans un labeur incessant, le jour de la réparation, loin de se laisser aveugler par l'orgueil, il n'a eu d'autre souci que de compléter ses études premières, déjà pourtant si étendues!

Le trait dominant du caractère de M. de Saint-Vidal est, on le voit, une rare énergie de volonté dont Carpeaux, qui le connaissait à fond, a dit qu'elle était *capable de tout entreprendre.* Cette nature, coulée pour ainsi dire en bronze comme certaines de ses œuvres, ne connaît aucun obstacle quand il s'agit de lutter contre les difficultés de son Art. Une fois le but entrevu dans sa féconde et méditative imagination, il y marche avec une résolution et une sûreté d'allures incomparables et que rien n'arrête et ne rebute. Chose digne de remarque! il se complaît, bien différent en cela des autres artistes, à ne tenir, dans l'exécution de ses compositions, aucun compte des aptitudes et de la facilité que la nature lui a si largement départies, et, loin de leur donner un entier et libre essor, on dirait qu'il a à cœur, au contraire, de les enchaîner comme pour les mieux diriger et assouplir en les soumettant au joug d'une rigoureuse méthode dans l'enfantement de ses créations. N'est-ce pas la marque distinctive d'un esprit merveilleusement pondéré? Quel puissant levier qu'une telle volonté!

La preuve de cette énergie, ne la trouvons-nous pas dans l'organisation même des procédés préparatoires du modelage des figures de sa fontaine? Voyez-le dans cet atelier retiré où sa pensée se consume dans un labeur de jour et de nuit! Vous croyez apparemment que, ne pouvant mettre la main à l'ébauchoir qu'après l'indispensable érection d'un gigantesque échafaudage compliqué d'une vaste armature en fer destinée à servir de squelette à la terre glaise à laquelle il doit imprimer le simulacre de la vie, il va préalablement recruter tous les corps d'état nécessaires à cette construction? Pas le moins du monde! C'est lui-même qui, avec sa forge, ses marteaux, son enclume et le plus complet outillage, revêtu de son tablier, va tordre le fer et le plier au gré de sa volonté! Et, pendant que les autres sculpteurs font appel à tous les ouvriers dont ils peuvent avoir besoin, se bornant, eux, à modeler, le voilà, lui, qui tour à tour s'improvise maçon, charpentier et forgeron!

C'est que, dans cet art de la Statuaire, rien n'est simple et tout est complexe! aussi, les vrais statuaires doivent-ils, pour être complets, être en même temps d'excellents ouvriers. Pradier était ainsi. Il faisait lui-même ce que tant d'autres font faire!

Comment, avec un si infatigable labeur fécondant sa riche imagination, M. de Saint-Vidal n'aurait-il pas atteint les sommets de l'Art? Buffon n'a-t-il pas dit: « Le génie, c'est la patience! »

M. Alphand, qui comprend toujours si bien l'importance et la dignité de l'Art, a donc eu une sagace inspiration en confiant à M. de Saint-Vidal la conception et l'exécution de la Fontaine de la Tour Eiffel. Aussi bien, en choisissant ce grand artiste, il ne s'est pas douté qu'il réalisait le vœu du grand Carpeaux qui écrivait le 30 octobre 1872 à son élève et ami : « Que je voudrais vous voir « chargé par l'administration des Beaux-Arts d'un travail dont vous « feriez le choix comme programme! »

Maintenant que nous avons fait connaissance avec l'artiste, voyons son œuvre.

III

LA FONTAINE DE LA TOUR EIFFEL

Avant d'examiner chacune des figures de cette magistrale composition pour en analyser les mérites ou les défauts, considérons-la d'abord dans son ensemble afin de scruter la pensée principale qui a inspiré son auteur et d'en pénétrer le sens allégorique ou symbolique.

L'œuvre comprend deux parties parfaitement distinctes l'une de l'autre.

La première, qui entoure la vasque de la fontaine, se compose de cinq grandes figures représentant les cinq parties du monde sous la forme de cinq femmes dont chacune, beaucoup plus grande que nature, est entourée d'attributs ou d'emblèmes et revêtue elle-même d'attitude, de pose, de mouvements, de traits et d'une

expression de physionomie en parfaite conformité avec le caractère original de la partie du monde qu'elle a la prétention de personnifier. — Ainsi, l'*Europe*, ayant à sa gauche une pile de livres et une presse à imprimer et paraissant absorbée dans de profondes méditations, représente, dans toute sa pureté et sa force, la pensée philosophique dont son visage porte la vigoureuse empreinte. — A côté d'elle, l'*Amérique* personnifie la pensée industrielle attachée à la recherche du lucre et du bien-être matériel et visant à la domination commerciale du monde. — L'*Asie*, sous la figure d'une ondoyante odalisque mollement couchée dans une attitude sensuelle, ayant à sa gauche le narghileh, n'est-ce pas la pensée s'absorbant dans la recherche des raffinements du plaisir et voilée par la langueur des voluptés ainsi que le sybaritisme des pays de polygamie et des harems embaumés des enivrants parfums de l'Orient? — Dans l'*Afrique*, il est facile de reconnaître la pensée à l'état naturel et sauvage, mais qui a déjà reçu comme une atteinte et un reflet de la civilisation. — Quant à l'*Océanie*, elle incarne, dans toute sa brutale sauvagerie, la pensée inculte de l'être humain à l'état préhistorique. Ces figures répondent, on le voit, au moins quant à l'expression, aux cinq états divers de la pensée humaine qui s'agite incessamment à la surface de notre globe.

La seconde partie qui, placée au centre de la Fontaine, en élévation, surmonte la vasque, constitue un groupe d'un imposant effet composé de six figures mythologiques paraissant graviter autour de la planisphère qui repose sur un lit de nuées s'élevant en colonne.

Si les cinq figures qui entourent la vasque sont un majestueux symbole de la pensée même de l'Exposition universelle dont le but est de concentrer sur un point unique toutes les richesses et les produits si variés de l'univers afin de les convier à la lutte dans un immense tournoi pacifique qui est la grande fête du travail humain, on peut dire que le groupe dominant la vasque est, à son tour, une puissante et heureuse synthèse des principaux éléments de l'activité humaine dans ses plus hautes manifestations personnifiées dans les six figures suivantes : La *Nuit* et le *Jour*, les ténèbres et la lumière qui sont les deux pôles opposés de la vie se partageant le temps et l'espace, planant sur le monde, l'une sous la figure d'une femme, l'autre sous la forme et les traits d'un jeune homme aux ailes déployées dont l'essor est vainement arrêté par celle-ci, mouvement qui symbolise à merveille la lutte permanente en ce monde entre l'erreur et la vérité, celle-ci éprouvant tant de difficultés à se dégager des étreintes de celle-là ! Puis, s'agitant autour de la planisphère : *Mercure*, qui, avec son caducée et sa bourse, incarne le travail et l'instinct universel de production en présidant aux échanges qui en sont la conséquence ; *Clio*, muse de l'histoire ; et, enfin, les deux images gracieuses du *Sommeil* et de l'*Amour* qui tiennent une si large place dans notre existence !

Et voyez l'admirable symétrie qui règne dans l'ordonnancement des figures de ce groupe ! on constate bien vite que l'artiste, dominé avant tout par le sentiment de l'unité de son œuvre, a su les rattacher aux cinq figures inférieures par la plus ingénieuse en même temps que par la plus naturelle corrélation. Ainsi *Mercure*, dieu de la ruse, de la fraude en actions comme en paroles si nécessaire au succès du négoce, se trouve justement en face et au-dessus de l'*Amérique* dont le vif essor industriel et commercial semble ainsi placé sous la protection et l'égide de cette divinité du gain *per fas et nefas*. La place de l'*Histoire*, planant au-dessus de l'*Europe*, n'est pas davantage le fruit d'un arrangement fantaisiste ou capricieux : est-ce que l'*Europe* n'a pas été le théâtre des plus grands événements historiques du passé ? Au-dessus de l'*Asie*, berceau du genre humain, pays de la volupté, était marquée la place de l'*Amour*; et celle du *Sommeil* au-dessus de l'*Afrique* et de l'*Océanie*, parties du globe qui partagent ensemble le triste privilège d'être encore plongées dans le sommeil de la barbarie et qui attendent des siècles à venir le réveil de la civilisation! Ajoutons que les lois qui régissent notre monde physique trouvent, comme celles du monde moral, une éclatante symbolisation dans la façon même dont doivent, dans cette Fontaine, s'opérer l'ascension et la chute des eaux, non pas, par exemple, avec la fragilité du modèle actuel en plâtre, mais avec la future et définitive composition en bronze, sinon en marbre. De même, en effet, que sur notre terre l'eau se condense en nuages, de par les lois de la vaporisation, pour retomber en pluie, de même ici l'eau, en montant vers la planisphère, ne sortira, en s'irradiant dans tous les sens, que tamisée en brouillards et en poussière fine des replis de la colonne de nuages pour retomber ensuite, circulairement et d'une manière gracieuse, en nappes transparentes des replis ondoyants des draperies flottantes du groupe!

On voit la force de conception qu'il y a dans cette saisissante et synthétique allégorie!

Et toutes ces figures offrent à l'œil un ensemble d'une remarquable harmonie. Tout cela vit, grouille, s'agite dans une resplendissante et mouvante unité qui fascine les regards du spectateur!

Promenons maintenant nos regards autour de cette vasque divisée en cinq lobes égaux séparés par chaque figure reposant sur un socle. Contemplons successivement chacune de ces figures et, descendant aux détails, voyons comment l'artiste les a traités et si l'exécution est digne de la conception.

Quelle est cette jeune femme, fièrement redressée sur son séant, qui, par son regard ferme et hardi exprimant si bien le calme dans la puissance, frappe tout d'abord notre attention par sa pose éminemment sculpturale et la beauté de ses formes? — C'est l'*Amérique!*

Un artiste qui eût rêvé de représenter sous les traits féminins le génie de la fierté et de l'indépendance n'en eût jamais rencontré une plus éclatante expression que celle du visage de cette femme jeune et belle dont l'attitude, qui se distingue par la franchise des poses et des mouvements, respire certaine grâce mêlée d'énergie.

Assise avec une légère conversion du torse vers la gauche et le bras droit appuyé sur la roue de la fortune décorée de l'étoile du pavillon américain, elle étend sa jambe gauche dans toute sa longueur jusque sur le rebord de son tertre comme pour montrer les superbes proportions de son beau corps et la richesse de ses formes, pendant que le bras gauche également tendu repose sans raideur sur la marmite de Papin. Quant a sa jambe droite qui, repliée sur elle-même, projette son pied jusque sur l'extrémité opposée du socle, sa position éveille involontairement, par l'écart assez large qu'elle fait avec la gauche, la pensée que la statue est prête à se dresser comme si elle voulait enjamber les mers pour étendre jusque sur les autres continents le domaine de sa féconde activité! — Cette position de la jambe droite, malgré la valeur de cette ambitieuse signification morale, nous paraît toutefois n'avoir été obtenue qu'aux dépens de la question linéaire qui, dans la Statuaire comme dans le Dessin et la Peinture, a une si grande importance. Il ne servirait de rien de répondre que ce mouvement est vrai et naturel! car c'est la vérité que l'Art doit choisir qui doit seule prévaloir sur celle que l'artiste a dans son imagination ou même sous les yeux dans son modèle. Nous devons d'autant mieux condamner ici cette combinaison de lignes choquantes si en opposition aux règles de l'harmonie linéaire que toujours les compositions de

M. de Saint-Vidal offrent à cet égard un harmonieux ensemble de la plus rigoureuse correction !

Le regard empreint de sérénité de cette superbe statue d'une incontestable et souveraine beauté qui, par l'ampleur du style, rappelle les plus belles figures de la Statuaire et sur les traits de laquelle voltige un imperceptible et charmant sourire est ferme, droit et plein de hardiesse, et l'on sent dans le regard de la jeune *Amérique*, image parfaite d'une civilisation qui grandit de jour en jour, la double satisfaction de la conquête des richesses que lui assure le libre essor de son génie commercial et industriel et du succès de ses entreprises hardies en vue de la domination du monde. « L'Avenir est à moi ! » semble-t-elle dire !

Il n'est pas jusqu'au nez légèrement retroussé qui imprime à cette physionomie un cachet piquant d'ironie qui ne soit un élément de plus d'originale beauté !

Portant sa chevelure comme nos jeunes élégantes, la statue a le sommet de son front, à la naissance des cheveux, orné d'un croissant. Par cet emblème qui rappelle la Diane antique, l'artiste a voulu indiquer que la jeune *Amérique* était la Diane de la civilisation poursuivant sans cesse sur tous les points du globe ses envahissantes investigations !

Ce qui dans cette figure nous frappe surtout, c'est la flexion du torse résultant de la pose. Il y a, dans la souplesse même de cette flexion, une grâce que l'on ne saurait méconnaître. Et s'il est beaucoup de sculpteurs qui n'arrivent à trouver l'énergie qu'aux dépens de la grâce, M. de Saint-Vidal montre dans cette statue qu'il sait sans effort unir l'une à l'autre !

Signalons encore un détail qui a bien sa valeur : c'est la façon élégante dont la draperie est jetée sur la jambe droite et retombe avec une souple flexibilité entre les deux jambes.

Vue de profil ou de trois quarts et en se plaçant à sa gauche, cette figure présente aux regards une harmonie de lignes vraiment remarquable qui justifie ce que nous avons déjà dit de l'art merveilleux avec lequel M. de Saint-Vidal transfigure la Nature par la plus large interprétation! Et si, enfin, comme l'a dit Chateaubriand, « la Sculpture donne de l'âme au marbre, » on peut dire que M. de Saint-Vidal en imprimant à sa figure les frémissements de la vie l'a véritablement animée!

Voici maintenant une figure qui offre avec l'*Amérique* le plus frappant contraste, c'est l'*Europe!* Son visage est aussi sévère que celui de l'autre est épanoui. Autant celle-ci, pleine de satisfaction, semble se complaire dans son éblouissante nudité, autant celle-là, en proie à la mélancolie, affecte de dissimuler ses formes sous de tristes draperies. — Le sentiment des sombres pronostics d'avenir qu'éveillent les redoutables problèmes sociaux, politiques et économiques dont la solution travaille notre continent vieilli et agité par les aspirations révolutionnaires semble avoir eu la plus large part dans l'inspiration des traits de cette physionomie sur laquelle se peignent, avec une accentuation marquée, la lassitude et la souffrance. L'expression de ce visage, d'une maturité qui tranche avec la jeunesse de celui de sa voisine, porte l'empreinte de la suprême anxiété qui trouble tous les esprits sur la situation pleine de mystères et de périls qui plane sur l'*Europe*. Le front sillonné de rides est soucieux, tourmenté et accuse de douloureuses préoccupations. Le visage est loin, néanmoins, d'être dépourvu de beauté. Observé de côté, il offre aux yeux du spectateur un régulier profil de race latine. L'énergie de la pensée est inscrite sur cette physionomie. L'inflexion de la tête, combinée avec la direction du regard, donne à cette figure un merveilleux caractère de profondeur. C'est une figure qui pense, qui se parle à elle-même, qui semble, en se reposant avec mélancolie dans l'ombre de sa pensée, chercher, parmi les flots confus des siècles évanouis, l'horoscope de la destinée des siècles futurs! Ce qui ajoute encore à cette teinte de vague inquiétude répandue sur les traits, c'est l'habile ajustement des draperies dans lesquelles l'*Europe* cherche à s'envelopper comme dans un linceul de pensées tristes!... Ce long voile, enroulé d'abord sur la tête comme une sorte de turban, en manière de coiffure de deuil, retombe sur le dos en plis sévères, suit avec une docile souplesse les contours arrondis de l'échine et, continuant à se dérouler sous les cuisses, vient se rejeter avec une gracieuse négligence sur les jambes qu'il recouvre entièrement à la hauteur des genoux. Il est impossible de désirer dans une draperie plus d'abondance en même temps que de majestueuse simplicité et surtout un jet d'une plus harmonieuse beauté.

Ici nous serions tenté d'adresser un reproche à l'auteur : cette draperie est, en effet, d'une lourdeur qui viole une des conditions de la Statuaire. Car une draperie doit envelopper la figure sans jamais voiler les formes, puisque la première condition de la Sculpture, c'est l'expression de la forme. Or, ici la draperie masque évidemment beaucoup trop la forme des jambes. Il faudrait que l'œil suivît, au contraire, sous la transparence de la draperie, toutes les lignes du modèle aussi librement que s'il avait devant lui le corps nu. Mais ce défaut trouve immédiatement son excuse dans la matière même dont la figure est modelée. Le plâtre ne se prête pas à la transparence du marbre et nous n'avons garde d'insister ici parce que nous sommes convaincus que l'artiste s'est réservé la faculté de corriger dans le marbre les défectuosités que le plâtre lui a imposées.

Le torse est admirablement modelé et le relief apparent de la musculature est en parfaite concordance avec la maturité révélée par le visage. L'*Europe* à demi tournée vers la gauche tient sur ses genoux une tablette avec un stylet dans la main droite comme si elle voulait écrire les réflexions dans lesquelles elle paraît plongée, emblème de la fécondité intellectuelle qui a enfanté tant de chefs-d'œuvre dans les Sciences, les Lettres et les Arts! A sa gauche sont figurés les attributs de la civilisation moderne dont elle est le grand foyer, une pile de livres qu'elle enserre de son bras gauche, s'en servant comme de point d'appui, et la presse à imprimer sur laquelle se pose non sans grâce sa main gauche. Ce que l'on peut dire, c'est que l'attitude de cette figure est une merveille d'harmonie linéaire. Les détails les plus minutieux, d'une apparente indifférence et qui semblent ne mériter aucune attention, sont traités avec un tel soin qu'ils donnent à l'ensemble de la composition tout l'attrait d'une véritable surprise!

De toutes les figures de l'œuvre de M. de Saint-Vidal, l'*Asie* est assurément celle où il a déployé le plus d'imagination dans la conception et d'habileté en même temps que de souplesse dans l'exécution. A côté de la puissance d'observation que révèlent chez lui l'expression et les poses de cette statue, il y a une science profonde dans la partie plastique. Il faut être, comme M. de Saint-Vidal, rompu à toutes les ruses et familiarisé avec toutes les ressources de la Sculpture pour avoir modelé une telle figure qui, en réalisant la perfection de la forme plastique, constitue en même temps une profonde étude psychologique.

Étendue dans la plus nonchalante attitude sur le dos et sur une peau de tigre dont la tête grimaçante surplombe sur le rebord antérieur du socle, cette odalisque, qui nous offre un type parfait de la race caucasique, personnifie tout ce que la volupté asiatique a de plus sensuel. La tête de cette figure, qui, complètement tournée vers la gauche, bien que le torse, dans la plus voluptueuse conversion, présente sa face à droite, paraît se soulever comme si elle voulait donner un baiser, est d'une régulière beauté. On retrouve dans ses traits tous les caractères de la concupiscence : ces lèvres épaisses, d'une expression libertine, dont l'apparence collante fait involontairement penser à l'adhérence de la ventouse; ces narines dilatées et béantes comme si elles aspiraient un parfum; ces beaux yeux fendus en amande rappelant ceux des Arméniennes ou des Indiennes et dont l'indéfinissable expression de langueur amoureuse éveille l'idée de la jouissance; cette abondante chevelure retenue sur le front par le bandeau habituel des courtisanes de l'Orient et qui retombe en ondoyantes mèches sur l'épaule gauche pour aller ensuite, jusque sous le bras qu'elle contourne, expirer sur le narghileh que cette femme caresse mollement de sa belle main comme un instrument de plaisir favori : tout, dans cette figure, respire la sensualité dans ce qu'elle a de plus lascif et de plus provocant! Un rêve ardent s'éveille dans l'imagination du spectateur et nous ne saurions mieux traduire à cet égard notre impression qu'en rappelant ici les deux vers dont Juvénal a flagellé Messaline :

« *Et resupina jacens multorum absorbuit ictus,*
« *Et lassata viris sed non satiata recessit.* »

Si nous portons maintenant nos regards sur le torse et les membres inférieurs, nous retrouvons les mêmes caractères de grâce langoureuse parlant aux sens : ce sont, d'abord, les seins avec leur développement et leur caractéristique saillie; c'est surtout l'incomparable flexibilité de ce torse qui fait involontairement comparer ce beau corps à celui d'une véritable couleuvre se déroulant en replis ondoyants et qui présente à l'œil une merveilleuse sinuosité de lignes. La conversion de ce torse sous l'étreinte de la volupté dont on sent presque les palpitations est telle que, pendant que la gorge infléchit vers la gauche, il est complètement, dans un mouvement de torsion, tourné vers la droite, au point d'imprimer une déviation et une courbure marquée à la ligne médiane ordinairement droite qui descend en manière de sillon des seins vers le nombril. Rien de plus lascif que cette ondulation contournée du torse qui, par sa forme allongée, rappelle celui de la *Vénus de Milo* dont M. de Saint-Vidal s'est manifestement inspiré! Nous en pourrions dire autant de la courbure du dos dont la ligne vue de droite est d'un grand bonheur. Ce torse de l'*Asie* est, par le fini du modelé, sa merveilleuse souplesse et la pureté de ses lignes, d'une telle perfection plastique qu'on pourrait, à l'exemple du *Doryphore* qui, sous le nom de *Canon de Polyclète*, servait de modèle à tous les sculpteurs de l'Art antique ou du torse de l'*Hercule au Repos*, le proposer comme un nouveau *Canon* à tous les statuaires de l'avenir.

Admirons maintenant ce bras droit qui, orné au-dessus du coude du bracelet-esclavage des odalisques, se replie avec grâce sur la tête qu'il enveloppe et encadre comme pour lui servir d'oreiller, geste accoutumé des femmes de harem caractéristique d'une sensuelle nonchalance! Et cette jambe droite, repliée sur elle-même et servant d'appui à la jambe gauche qui la recouvre et qui semble se presser voluptueusement sur elle comme pour provoquer, par ce mouvement de pression, une sensation de jouissance! Il n'est pas, enfin, jusqu'à ce pied gauche qui, sortant coquettement à demi de sa babouche, pendant que le pied droit, entièrement nu à côté de l'autre babouche, paraît crispé par une contraction spasmodique de volupté, ne complète cet ensemble constitutif d'une véritable étude d'Érotisme!

Quant à la draperie qui consiste dans une petite chlamyde passant entre les deux cuisses et retombant sur la jambe droite dont elle recouvre le genou, elle est d'une grande et significative sobriété !

En considérant cette figure, plus d'un spectateur ne manquera pas de faire à M. de Saint-Vidal le grave reproche d'avoir ici méconnu l'une des lois fondamentales de la Statuaire qui est le respect de la chasteté. Certes, nous sommes les premiers à proclamer que jamais une statue, conçue selon les règles de l'Esthétique, ne doit éveiller le désir en portant le trouble dans les sens, et que la nudité absolue ne doit s'adresser qu'à la pensée sans jamais parler aux sens. Il suffit de contempler la *Vénus de Milo* qui excite l'enthousiasme sans éveiller le moindre désir pour être convaincu de cette vérité qu'il ne saurait y avoir de suprême beauté sans la chasteté. — Mais précisément ici cette critique tombe par la nécessité où se trouvait l'artiste de revêtir sa figure du caractère moral de l'Entité ethnographique qu'il avait à représenter! quand Pradier violait les lois de la chasteté dans ses *trois Grâces* en les faisant si désirables, dans sa *Phryné* et dans sa *Bacchante* et son *Satyre*, Pradier avait complètement tort, car rien ne l'obligeait à méconnaître ces lois. Son inspiration était libre et n'était pas enchaînée par une impérieuse nécessité. Mais il en est autrement ici de M. de Saint-Vidal, et nous devons d'autant mieux reconnaître qu'il a eu parfaitement raison de modeler sa figure avec tous les caractères de la sensualité que, dans toutes ses œuvres antérieures, il n'a jamais manqué au respect de la chasteté !

Après ces trois figures modelées avec une savante habileté, dans les poses et les formes desquelles tout est rendu avec un mélange singulièrement heureux de grâce et d'énergie et dont les physionomies si accentuées traduisent avec une merveilleuse netteté les trois états divers de la civilisation auxquelles elles répondent, M. de

Saint-Vidal nous montre, dans les deux figures suivantes de l'*Afrique* et de l'*Océanie*, comment il a conçu et interprété les types caractéristiques des deux degrés de Barbarie qui règnent sur une grande partie du globe. — Certes, si jamais la nature a dû, pour revêtir des formes sculpturales, être transfigurée par la méditation, c'est bien dans la reproduction de personnages dont la race se prête si peu, sous le rapport de l'Esthétique, aux exigences de la Statuaire. On dirait ici que l'artiste a voulu racheter ce que la réalité lui refusait, au point de vue de la beauté qu'excluent entièrement les types des races nègre et malaise, par les attitudes, les mouvements et l'expression tranchée de physionomie qu'il a su donner à ces deux figures.

Voyez avec quelle singulière intensité il a accentué, dans l'*Afrique*, la pensée de frayeur dont est agité et tourmenté ce visage qui, considéré de son côté gauche, nous montre un profil de race éthiopienne. L'attitude se concilie aussi clairement que possible avec cette pensée. Assise sur sa cuisse gauche et dans une inclinaison telle que le pied gauche montre à l'œil sa face inférieure, pendant que la partie supérieure du torse semble tournée légèrement vers la droite de la figure et appuyée sur son bras gauche replié sur le rebord du socle, l'*Afrique*, se renversant en arrière dans un mouvement brusque, comme quelqu'un qui est assailli par la surprise mêlée d'effroi, paraît consternée. Remarquez surtout cette constriction des coudes sur les flancs et la partie postérieure du torse éminemment significative de la terreur! N'est-ce pas là, pris sur le vif, le mouvement de l'animal qui, menacé d'être frappé, se rapetisse en se contractant comme s'il voulait instinctivement circonscrire et restreindre la surface des coups qu'il va recevoir! Tout, dans cette pose, est caractéristique de la défense passive. Le geste de la main droite, d'un caractère étrange et démonstratif d'une sorte de préservation, contribue à accentuer encore cette expression de crainte.

Creusons davantage cette physionomie afin de démêler la pensée qui la bouleverse. Le front est fortement sillonné, entre les deux paupières, d'un certain plissement qui répand sur les traits une intense couleur d'anxiété que font encore mieux ressortir les fossettes verticales et allongées marquées sur les joues. Ne semble-t-il pas véritablement que l'*Afrique*, s'adressant aux hardis pionniers de la civilisation européenne qui, depuis surtout un quart de siècle, cherchent à pénétrer de toutes parts son vaste domaine encore inexploré, leur demande avec inquiétude de quel droit ils viennent ainsi lui arracher ses secrets et paraît redouter la dépossession de son territoire? Or, est-ce jamais le modèle vivant qui a pu fournir au statuaire cette expression si éloquente des angoisses intérieures qui tourmentent cette physionomie? Ne retrouvons-nous pas encore ici le cachet individuel du talent de M. de Saint-Vidal qui est l'invention et la pensée?

Voilà pour l'expression! Le côté plastique n'est pas moins bien traité. Les épaules et les cuisses sont vigoureusement attachées. L'échine est modelée d'une façon puissante. La charpente musculaire est indiquée avec netteté. La pose, malgré son énergique accentuation, n'offre aucune raideur de lignes. La chevelure crépue qui recouvre la tête est également à signaler au point de vue de l'habileté de l'exécution. L'art enfin, si adroitement dissimulé dans le jet négligé de cette grossière draperie, sorte de natte tressée avec des lianes et que retient à gauche la main crispée de la figure, ne saurait non plus être oublié. Cette partie accessoire de la composition qui semble indifférente ne doit jamais être négligée et il faut savoir gré à M. de Saint-Vidal d'en comprendre toujours l'importance.

Quant à l'*Océanie*, jamais la férocité n'a trouvé une plus sauvage expression que celle que M. de Saint-Vidal a su répandre sur les traits de cette femme de race malaise. L'aspect de ce type qui tient le milieu entre la race simiesque et la race humaine, entre le goril et l'homme, provoque une impression de saisissement en éveillant immédiatement la pensée des habitudes d'atrocité et d'anthropophagie des cannibales de la Polynésie! Cette figure incarne le dernier degré de l'échelle de l'espèce humaine.

Si le but principal en même temps que le mérite d'une œuvre d'art doit être d'affranchir l'esprit de tout effort dans la recherche de sa signification morale, cette figure réalise pleinement ce but. C'est la pensée vraiment claire qui s'explique par elle-même et n'a besoin d'aucun commentaire. On comprend de suite qu'on a devant soi la personnification de l'état de barbarie dans ce qu'il a de plus primitif et de plus farouche. La tête est modelée avec une rare accentuation d'énergie. Le large épatement du nez qu'on dirait presque aplati avec la dilatation insolente des narines, l'épaisseur et la grimace des lèvres, la saillie et la proéminence des os malaires, la petitesse des yeux enfoncés dans de profondes et larges orbites et d'où s'échappe un regard perçant et enflammé par la colère, et surtout l'avancement de la mâchoire inférieure constituent un *facies* dont l'effet est prodigieux! la seule critique qu'on pourrait adresser ici à M. de Saint-Vidal, c'est d'avoir oublié l'obliquité, chez les types de race malaise, de la fente palpébrale qui, en remontant légèrement vers les tempes, donne à l'expression du visage un degré de plus de dureté. Ce visage, d'une carrure si marquée, est couronné d'une chevelure abondante et allongée, plutôt laineuse que crépue, qui, surplombant sur le front à fleur des paupières et retombant en touffes épaisses sur le dos, complète sa barbare expression. En se plaçant même à gauche de la figure et en la contemplant de trois quarts on perçoit clairement sur la bouche une sorte de grincement qui rappelle le grognement du fauve et respire le double instinct du carnage de la guerre et de la voracité anthropophagique du cannibale dont le crâne humain qui est aux pieds de la figure, à sa droite, est le sinistre emblème!

Et l'attitude maintenant! n'est-elle pas conforme au caractère même de ce visage? adossée à son bouclier, la jambe droite tendue et sa jambe gauche repliée sur elle-même et recouverte d'une grossière natte de lianes qui est jetée sur le genou gauche, l'*Océanie* appuie sa main droite sur cette jambe avec un mouvement marqué de crispation, pendant que la main gauche semble saisir avec force une massue. En voyant ce torse ramassé sur lui-même s'arc-bouter, pour ainsi dire, comme celui d'une panthère qui se replie pour mieux bondir, ne semble-t-il pas que cette femme, toujours prête à combattre, va s'élancer sur une proie comme un lion sur une gazelle? cette pose expressive couronne cet ensemble d'un étonnant effet.

Cette figure est un prodige d'énergie et d'exactitude. Toutes les parties du modèle sont traitées avec une précision si savante, il y a, dans tous les détails, tant de vérité, tant de finesse, d'habileté et de sagace observation que l'œil reste confondu d'admiration pour le triomphe des difficultés que présentait le modelage de ce type si insolite dans la Statuaire. Enfin, la musculature robuste du torse qui fait honneur au savoir myologique de l'artiste achève un si complet ensemble. Le plus grand mérite de M. de Saint-Vidal, dans la conception comme dans l'exécution de cette figure, c'est d'avoir réalisé ce type sans le secours d'aucun modèle et uniquement par la puissance même de son imagination!

Levons maintenant nos yeux au-dessus de la vasque et examinons ce *groupe de la Nuit* d'un si bel effet. La diversité au premier abord discordante et d'un aspect un peu heurté qui paraît sortir du groupe s'efface bien vite devant une impression générale d'admiration. Les belles figures qui le composent ne méritent pas moins notre attention que les autres.

Ici, M. de Saint-Vidal a donné de plus grandes proportions à sa première figure, la *Nuit*, laquelle est vis-à-vis des cinq statues qui entourent la vasque dans le même rapport que serait une femme de la plus haute taille vis-à-vis d'une femme de taille moyenne. Cette différence n'est pas le résultat d'une fantaisie plus ou moins capricieuse mais se justifie fort logiquement, au contraire, d'abord par le plus grand éloignement où la figure se trouve du spectateur, et, ensuite, par l'importance même de celle-ci, puisqu'elle couronne à droite cette vaste composition. En outre, lorsqu'il exagère de la sorte les dimensions de sa figure, l'artiste ne méconnaît nullement la vérité. Il ne fait que l'agrandir sans violer l'harmonie des proportions, car l'œil s'aperçoit à peine de l'agrandissement du modèle.

Assise sur la planisphère dont elle recouvre de son beau corps la plus grande partie, cette *Nuit* fort éveillée, à la différence de celle de Michel-Ange qui dort d'un profond sommeil *, exécute un

* On connait le quatrain que Strozzi avait écrit sous cette figure endormie du grand statuaire :

« La notte, che tu vedi in si dolci atti
« Dormire, fu da un angelo scolpita
« In questo sasso ; e, perche dorme, ha vita ;
« Destala, se n'ol credi, e parlerati. »

« Cette nuit, que tu vois dormir dans un si doux abandon, fut sculptée par un ange. Elle est « vivante puisqu'elle dort ; éveille-la, si tu en doutes, elle te parlera ! »

Michel-Ange répondit par ces vers qui sont peut-être les plus beaux qu'il ait mouvement tournant de la tête sur l'épaule droite vers le *Jour* qui s'envole à ses côtés, de telle sorte que, lorsqu'on considère son corps de face, le visage présente aux regards un profil d'une rare distinction. Le visage contemplé de face est d'une grande beauté et rayonne d'intelligence et nous sommes obligés de proclamer que M. de Saint-Vidal s'est ici surpassé plus encore dans l'impression poétique qui se dégage de cette admirable tête dont le tranquille regard respire à la fois la majesté et l'énergie tempérées par je ne sais quelle souveraine sérénité que dans l'harmonie bien entendue qui régit toutes les lignes du corps. — De ses belles paupières s'échappe un regard pénétrant et en même temps d'une caressante douceur. — L'expression de la physionomie est en parfaite concordance avec l'attitude et la signification des mouvements. Préoccupée d'arrêter dans son essor avec sa main le *génie de la Lumière*, elle semble le retenir de ses regards suppliants, et la signification si claire de ce regard dont la limpidité est admirable s'accompagne d'une teinte vague d'inquiétude et de regret répandue sur le visage et qui indique que la *Nuit* ne s'illusionne pas sur l'inutilité de ses supplications ! On sent que l'artiste a concentré toute sa pensée sur cette expression, car le regard surprend dans cette physionomie toutes les richesses d'imagination qu'il y a prodiguées. Contemplé de trois quarts et de gauche, ce délicieux visage

écrits et qui témoignent dans quel patriotique trouble de cœur et d'esprit il avait conçu et achevé l'un de ses plus parfaits ouvrages de sculpture :

« *Grato mi è il sonno, e più d'esser di sasso ;*
« *Mentre che il danno e la vergogna dura,*
« *Non veder, non sentir m'è gran ventura ;*
« *Però non mi destar ; deh ! parla basso !* »

« *Il m'est doux de dormir et d'être de marbre. Ne pas voir, ne pas sentir est un bonheur dans ces* « *temps de bassesse et de honte. Ne m'éveille donc pas, je t'en conjure ; parle bas !* »

apparaît dans toute la splendeur de sa rayonnante et suprême beauté. Ce que nous recommandons surtout à l'attention des connaisseurs, c'est la ligne d'une grâce incomparable qui, partant du milieu du front, suit dans une courbe légère le contour de la chevelure sur la tempe gauche et, après une petite déviation au-dessus de l'oreille qu'elle contourne, vient expirer avec une imperceptible inflexion à la naissance du cou!

Les cheveux relevés avec élégance sur les tempes pleines de jeunesse et retenues sur le front par un diadème surmonté d'une étoile, emblème de cette déesse des Ténèbres, retombent sur la partie postérieure du cou en mèches abondantes et épaisses et avec une sorte de négligence pleine de charme. On peut certainement affirmer que c'est là une de ces figures qu'on ne saurait jamais oublier quand on les a une fois regardées!

Quoi de plus charmant et de plus gracieux que l'indolent abandon qui règne dans toute l'attitude? La *Nuit* appuyée sur son coude gauche reposant sur un nuage est couchée sur le flanc gauche avec une harmonieuse flexion de la partie supérieure du torse sur la hanche droite. Nous remarquons dans les épaules et la naissance du dos modelés avec une pureté qui défie la plus patiente analyse cette qualité que les Italiens baptisent du nom de *morbidezza*. Considéré par derrière, ce beau corps frappe l'attention non seulement par la souplesse de la ligne courbe du dos, mais surtout par la rainure ou sillon que creuse fortement sur ce dos, suivant cette courbure, le mouvement de conversion que la *Nuit* exécute pour retenir le *génie de la Lumière* qui lui échappe. Tout cela est d'une réelle harmonie, d'un singulier bonheur de lignes et d'une grande noblesse de formes, et, ce qu'il y a de plus remarquable, obtenu par l'artiste avec une grande simplicité de moyens!

Il n'y a pas moins de perfection dans la composition des membres. Le bras droit qui exécute un mouvement de tension vers le *Jour* et qui se termine par une belle main saisissant l'écharpe de celui-ci et dont la souplesse divine est rehaussée par les adorables fossettes indiquées à la naissance des doigts, ce bras se recommande à l'attention par la rondeur et la fermeté du modelé. Nous en dirons autant des jambes, dont l'une, la droite, est nonchalamment allongée pendant que la gauche se replie sous le genou droit par le mouvement le plus naturel. Quant à la partie supérieure du sein, elle révèle une remarquable étude musculaire.

Il est facile de voir que l'auteur a vécu plus d'un jour avec son modèle, qu'il l'a contemplé plus d'une fois avant de se mettre à l'œuvre. La souplesse, la grâce et la force sont incrustées dans le corps tout entier et l'exactitude de l'imitation n'enlève rien à la liberté des mouvements de cette adorable figure qu'on ne peut se lasser d'admirer.

Le *Jour* ou *génie de la Lumière*, debout avec ses ailes déployées, qui couronne, à gauche, d'une manière si sculpturale, le groupe et dont le visage est plein de virilité et d'une juvénile fierté, n'a rien d'apprêté, rien de préconçu dans le mouvement de spontanéité qui semble l'enlever dans les airs ! Il agit et ne pose pas ! Il s'envole avec une étonnante hardiesse et l'allure de cette figure est saisissante de vérité et d'une entraînante vivacité ? La physionomie qui est celle d'un jeune adolescent de quinze ans est véritablement resplendissante d'épanouissement et de joie ! On dirait qu'il est heureux d'inonder de ses rayons cette planisphère sur laquelle il pose son pied avec une délicate légèreté et d'y répandre la vie avec la lumière ! Sa puissante chevelure, vigoureusement relevée sur le front en mèches gracieusement recourbées vers l'extrémité et que l'air frais de l'Aurore semble rejeter en arrière, complète le caractère de virilité de ce visage d'une beauté masculine rayonnante de jeunesse et qui se distingue par la pureté de l'expression et la simplicité des plans de la face. Son corps tout entier est d'une irréprochable sévérité de lignes. Le torse et les membres expriment également à la fois la jeunesse et le premier épanouissement de la virilité et s'accordent parfaitement avec le caractère empreint d'une noble ardeur du visage. Ce torse, tendu sur son flanc droit par suite de sa légère inclinaison à gauche, présente une ligne convexe qui met en relief ses plans musculaires et qu'explique le mouvement de résistance qui lui vient de la *Nuit* dont, d'ailleurs, il semble vouloir se dégager dans l'adieu qu'il fait à celle-ci. L'allure emprunte surtout la plus grande partie de son entraînement plein de vie à la position de la jambe droite qui, lancée avec vigueur en arrière avec flexion du jarret, indique clairement le mouvement de l'homme qui s'élance avec résolution dans l'espace. Et, pendant que son bras gauche s'arc-boutant, comme sur un point d'appui, sur la hanche droite de la *Nuit* accentue ce mouvement d'élan, préliminaire obligé du vol rapide, le bras droit est tendu en avant verticalement et un peu à droite, tenant la torche emblème de la Lumière !

Nous ne pouvons nous séparer de cette ravissante figure sans parler de la draperie volante et constellée d'étoiles et de croissants dont la *Nuit* enveloppe et enchaîne le *Jour* et dont celui-ci cherche à se dégager ! Le jet surtout de cette écharpe qui, de la main droite du *génie de la Lumière*, passe entre les deux ailes sur l'épaule droite, retombe circulairement par derrière, enveloppe la cuisse gauche et, après avoir caressé de ses plis la cuisse droite, revient, en se repliant elle-même, sur la cuisse gauche où la main de la *Nuit* la saisit par le coin, image de la lutte entre la lumière et les Ténèbres, le jet de cette écharpe est d'une incomparable élégance dans ses moelleuses ondulations, et son léger gonflement sous l'action des caprices de l'air accentue encore davantage l'accélération du mouvement imprimé avec tant de vie par l'artiste à toutes les parties de la figure et qui symbolise la marche rapide de la lumière.

Dans cette figure rien ne rappelle les statues de l'Art antique. Elle est véritablement moderne et paraîtrait avoir été plutôt inspirée par le souvenir des figures de Carpeaux dont elle a quelque peu, au point de vue plastique seulement, le caractère et l'allure. En interrogeant ici les œuvres du maître dont il a été l'ami, M. de Saint-Vidal n'a-t-il pas usé d'un droit incontestable? Il a profité de la leçon avec une intelligente liberté et, s'il s'est souvenu, il n'a nullement copié. N'est-ce pas là la véritable imitation artistique qui consiste à se pénétrer des conseils d'un maître sans cesser d'être soi-même? Du reste, il y a, malgré cette ressemblance, dans l'expression générale de la figure, le cachet spiritualiste du talent de M. de Saint-Vidal qui contraste avec le réalisme habituel des figures de Carpeaux, et c'est bien plutôt dans les lignes et la pose que dans l'expression que l'analogie existe!

Il n'est pas de personnage mythologique qui ait été plus souvent reproduit par la Statuaire que *Mercure*, si ce n'est *Vénus* *. La raison en apparait clairement. De même que *Vénus* personnifie la beauté

* Ainsi, de même que nous avons : la *Vénus de Medicis* de la Tribune de Florence, la *Vénus du Capitole*, la *Vénus d'Arles*, la *Vénus de Milo*, la *Vénus Callipyge*, la *Vénus Victrix de la villa Borghèse*, etc..., n'a-t-on pas le *Mercure inventeur de la Lyre* du Musée de Naples, celui du Vatican appelé l'*Antinoüs du Belvedère* ou *Mercure Lantin*, celui du Musée de Florence, œuvre parfaite admirée des sculpteurs et dont parle Gori, le *Mercure au repos* du Musée de Naples, le *Mercure assis* du Musée britannique, le *Mercure avec une nymphe* du Musée Farnèse, le *Mercure agoréen* du Musée Pio-Clémentin, le *Mercure de Coysevox*, le *Mercure attachant ses talonnières* de Pigalle, le *Mercure inventant la lyre* de Duret et le *Mercure inventant le caducée* de Chapu ?

féminine, de même *Mercure* partage avec le fils de *Latone* le privilège d'incarner la beauté masculine. Doué, en sa qualité de messager des dieux, de la jeunesse et de l'agilité et de l'astuce comme divinité des voleurs, il offre, par ces deux côtés plastique et intellectuel, une inépuisable mine à l'imagination des artistes. Ce type, qui est bien l'une des plus curieuses créations de la fiction mythologique, tire surtout une grande originalité d'expression de la complexité de ses occupations qui le font se plaindre

« . . . . de ne pouvoir fournir
« aux différents emplois où Jupiter l'engage *. »

N'est-il pas, en effet, le plus affairé des dieux? Ne le voit-on pas partout au ciel et sur la terre? N'est-il pas, dans son cumul de fonctions, tour à tour et en même temps huissier, secrétaire et factotum, officiel ou officieux, patenté ou non de l'Olympe, brocanteur, maquignon, hâbleur, faiseur de boniments dans les carrefours, foires et marchés, marchand d'orviétan, voleur, entre temps séducteur de femmes, au besoin même souteneur de filles et, brochant sur le tout, proxénète? Son ubiquité, enfin, ne s'étend-elle pas jusqu'aux enfers où, exécuteur des hautes comme des basses œuvres du maître des dieux, il accompagne les âmes jusqu'à la barque de Caron?

Aussi, ce type si complexe dans sa mobile originalité, qui cumule tant de faces variées de l'activité humaine et dont, chaque jour, nous coudoyons trop souvent, hélas! dans le monde la vivante incarnation, devait nécessairement trouver sa place dans un groupe dont le lumineux symbolisme résume le spectacle de la vie sous toutes ses formes! Hâtons-nous d'ajouter que celui de M. de Saint-

* Molière, *Amphitryon* (Prologue).

Vidal est un chef-d'œuvre d'expression fine de physionomie en même temps que d'élégance plastique. Coiffé de son traditionnel pétase qui laisse apparaître avec une sorte de coquetterie sur le milieu du front deux mèches de cheveux, pourvu aux pieds et à la tête de ses ailes habituelles, *Mercure*, qui descend de l'Empyrée et dont les jambes exécutent nettement un mouvement de marche, montre une physionomie où se lit, avec une parfaite clarté, le scepticisme mêlé d'ironie de l'enjôleur. Le regard a des caresses perfides qui semblent vouloir envelopper comme d'un filet celui qu'il regarde. Ce qui frappe surtout dans ce visage d'une si pénétrante expression, c'est la teinte de satanique persiflage que répand sur tous les traits cette légère courbure des sourcils qui remonte vers les tempes et qui évoque le souvenir du masque de *Méphistophélès*. Si le rictus s'ajoutait à ce trait, nous aurions assurément ici le *facies* complet de l'infernal séducteur de *Faust* et de *Marguerite!* On ne peut donc s'empêcher de reconnaître dans cette physionomie le maître fripon qui, après avoir, dans ses incessantes et malicieuses espiègleries, volé à Cupidon son carquois, grâce à un traîtreux croc-en-jambe, à Neptune son trident, à Mars son épée, à Vulcain ses tenailles, à Vénus sa ceinture et à Jupiter même son sceptre, se brûla un jour les doigts, en voulant, dans son excès d'audace, lui soustraire sa foudre, ce qui le fit expulser de l'Olympe! Signalons, enfin, le jet élégant d'un coin de draperie flottante dont le vent semble vouloir caresser le haut des cuisses de *Mercure*.

Dans le modelage de cette figure, M. de Saint-Vidal s'est surtout pénétré du caractère mixte de ce personnage de *Mercure* qui tient presque autant, soit dans sa forme, soit dans sa signification morale, de la femme que de l'homme. — Or, pour triompher de cette difficulté qui consiste à rendre la vigueur unie à la grâce, pour combiner dans une même figure le modelage de la puissance musculaire de l'homme et de l'élégance des formes délicates de la femme il faut une habileté consommée, une science profonde, une rare intelligence de toutes les conditions de la Sculpture et surtout, ce que le travail peut bien développer mais ne saurait jamais donner, un sens pénétrant qui devine la limite exacte où finit la puissance et où commence la grâce des formes!

Cette muse divine qui, sous le nom de *Clio*, personnifie l'éternelle jeunesse de l'Histoire ne pouvait nous apparaître sous une figure plus exquise que celle de cette jeune fille sur les traits et les formes de laquelle M. de Saint-Vidal a répandu avec profusion tous les trésors de sa riche imagination en même temps que de son habileté d'exécution. L'œil ne peut rien souhaiter de plus charmant et de plus élégant. La chevelure ceinte d'une couronne de lauriers et qui retombe avec une élégante négligence sur ses épaules dont la rondeur du modelé nous charme encadre un visage dont l'expression sérieuse n'exclut pas la grâce. Le torse fort légèrement infléchi vers la gauche n'offre aucune sinuosité de lignes par suite de la tension du corps presque droit et qui semble flotter avec une certaine volupté dans l'immensité des airs. Le bras droit est étendu et sa main tient un stylet. Le bras gauche est masqué par un cartouche soutenu par la main et qui sert de point d'appui à une vaste draperie flottante enveloppant la figure par derrière et sur laquelle celle-ci se détache comme sur un fond de dessin. Toutes les parties de cette figure dans laquelle il y a plus de gravité et de sobriété que dans les précédentes sont traitées avec le même soin et le même bonheur et ne laissent rien à désirer. C'est bien ici que l'on peut dire que le modèle s'est assoupli sous l'ébauchoir de l'artiste et que la réalité a perdu tout ce qui la déparait et gagné tout ce qui lui manquait!

Le *Sommeil* et l'*Amour*, enfin, sont bien incontestablement les deux figures les plus ravissantes qui soient nées sous l'ébauchoir de M. de Saint-Vidal. Rien d'adorable comme cette attitude de l'*Amour* qui, soutenu dans les airs par l'agitation de ses ailes et de ses jambes qui semblent exécuter un mouvement analogue à celui d'un nageur, se penche dans une pose empreinte de tendresse et de grâce vers une petite fillette endormie dont il soutient de son bras gauche la tête un peu renversée en arrière! Le mouvement des lèvres qui font cette petite moue indicative du désir d'embrasser joint à la vivacité d'un regard caressant poétise le caractère de cette pose. Ce qui surtout nous éblouit et nous enchante ici, c'est la délicatesse avec laquelle l'*Amour* semble attirer vers ses lèvres la tête de l'enfant de sa main gauche pour lui surprendre un baiser pendant que, de la droite, il soulève mystérieusement la draperie qui recouvrait la petite fille comme s'il craignait de l'éveiller! et ce parfum d'innocente et calme sérénité qui plane sur le visage de celle-ci dormant d'un profond sommeil! Et cette main gauche qui se pose sur son cœur pendant que la droite cherche instinctivement à ramener vers elle la draperie comme pour s'en couvrir! et le potelé de ces formes un peu enflées et luxuriantes qui caractérise le gracieux embonpoint des enfants! Et cette draperie volante elle-même qui semble envelopper comme dans une sorte de berceau les deux enfants et dont le coin saisi par la petite fille vient par son extrémité caresser mollement la cuisse de l'*Amour!* Tout, dans ce groupe, est d'un fini, d'un modelé et d'une expression qu'on ne saurait trop admirer et on peut affirmer que ces deux figures sont l'idéal même de la grâce! Ne pourrait-on pas, enfin, inscrire au-dessous de cette partie du groupe ces deux vers d'Alfred de Musset :

« La vie est un *sommeil,* l'*Amour* en est le rêve,
« Et vous aurez vécu si vous avez aimé! »

L'analyse que nous venons de faire de ce groupe si palpitant d'entraînante inspiration dans le mouvement des figures nous suggère deux réflexions principales sur le talent de M. de Saint-Vidal.

La première, c'est que l'exactitude et la précision de tous ces détails d'une si surprenante variété n'ont nullement exclu chez lui la verve de l'inspiration. L'artiste est ici doublé d'un savant! — Il est une école moderne qui, sous le prétexte d'assurer la spontanéité de l'inspiration chez le génie, voudrait exclure l'intervention de la Science dans la Statuaire en proclamant qu'elle étouffe l'imagination dans les liens de règles étroites. Cette maxime, fort commode assurément pour la paresse et qui trouve un si puissant écho chez tous ceux que leur manque de patience et de labeur intéresse à la prendre pour une vérité, a le tort grave d'ériger en principe l'ignorance et d'en faire la condition même du génie! Or, ne trouve-t-elle pas une victorieuse réfutation dans l'œuvre de M. de Saint-Vidal? Ce groupe si ingénieusement conçu, dont toutes les figures ont une signification si vraie, où la vie du monde se résume sous leurs formes diverses et dans lequel la liberté de l'invention et la méditation ont une si large part est pourtant d'une irréprochable correction scientifique. Tous les membres sont merveilleusement attachés, tous les muscles sont à leur place et les mouvements n'ont rien de capricieux. N'est-il pas, au surplus, démontré depuis longtemps que l'art le plus hardi, loin d'exclure la Science, se concilie parfaitement avec elle? Qu'on interroge, en effet, les chefs-d'œuvre de la Statuaire antique et moderne consacrés par une constante admiration et qui ont résisté à tous les caprices de la mode; qu'on regarde, après ces grandes compositions, la Fontaine de M. de Saint-Vidal et l'on verra ce que peut l'imagination quand elle marche éclairée du flambeau de la Science! Que d'artistes heureusement doués, pour avoir voulu s'affranchir de cette étude pénible de toutes les parties de leur métier qui leur auraient certainement fourni de puissants et pratiques moyens d'exécution, ont constaté, en s'abandonnant témérairement à leurs seules forces, leur impuissance à triompher des difficultés de l'Art sans le secours de la Science.

Lorsque Platon a défini l'Esthétique en disant que « Le beau « est la splendeur du vrai, » a-t-il entendu dire autre chose sinon qu'une œuvre ne saurait être vraiment *belle* qu'à la condition d'être d'abord *vraie?* Et comment pourrait-elle être *vraie* si, dépourvue de la Science qui seule peut assurer le respect de la vérité, elle n'était que le fruit d'une inspiration ignorante et non réglée substituant la fantaisie à la vérité? Est-ce que Mozart, Beethoven, Gluck, Weber auraient enfanté leurs immortels chefs-d'œuvre s'ils n'avaient connu tous les secrets du contrepoint et de la fugue? Est-ce que Puget eût jamais pu modeler son *Milon de Crotone,* Michel-Ange son *Moïse,* et Jean Goujon ses gracieuses *nymphes de la fontaine des Innocents* s'ils avaient, s'abandonnant à leur seule inspiration, ignoré la science anatomique? Est-ce qu'il n'en faut pas dire autant de toutes les œuvres de l'esprit et de l'imagination? Loin donc d'enrayer le puissant essor du génie, la Science, en en favorisant, au contraire, l'épanouissement complet, l'aide à gravir les cimes abruptes de l'Art!

La seconde réflexion est relative au rôle considérable que l'imagination a joué dans la composition de ce groupe. Nous retrouvons ici le fruit de la méthode rigoureuse et personnelle à laquelle M. de Saint-Vidal a soumis son esprit pour l'assouplir. Comment, en effet, aurait-il pu, sans le secours de sa puissante imagination, transcrire les postures contournées et si variées de ces quatre figures du groupe qui sont, pour ainsi dire, suspendues dans les airs autour de la planisphère, puisque aucun modèle n'a pu poser dans de semblables attitudes ? Il ne saurait alors être question pour l'artiste de copier ce qu'il n'a pu avoir devant les yeux. Il a fallu, de toute nécessité, se contenter de bien voir, puis, quand le moment de modeler est arrivé, l'imagination a interprété et agrandi les éléments dont la mémoire avait conservé le souvenir !

Ajoutons qu'il n'y a pas, dans la disposition des figures de cette vaste composition, un détail conçu au hasard ou rendu d'une manière insuffisante. Tout est calculé, coordonné, combiné avec un singulier luxe de prévoyance qui, chose inouïe ! n'a cependant nullement refroidi la composition. Rien n'est ébauché. Tout est, au contraire, fini et surtout est palpitant de vie et de vérité, et rien n'égale la verve de l'invention si ce n'est la patience et le discernement apporté dans les détails de l'exécution où l'effort ne se trahit nulle part et où tout est agencé avec une aisance merveilleuse qui n'enlève rien à l'expression de la pensée de l'artiste. Partout ici la beauté des lignes se concilie avec l'énergie des attitudes et des mouvements. Partout, on constate le respect des distances qui séparent les différentes parties du corps humain. On n'y saurait rien changer sans blesser le goût et le bon sens tant la précision du beau est parfaite ! L'artiste, enfin, a trouvé, avec une étonnante facilité, dans la glaise obéissante et malléable, tous les mouvements que sa riche imagination avait épiés et que la mémoire avait retenus ! L'œil, enfin, saisit l'harmonie complexe mais une qui domine et rallie toutes les parties de cette grande œuvre !

Nous trouvons donc, dans cette magnifique composition, l'union de l'inspiration et de la science, de la fantaisie la plus libre avec la fidélité la plus scrupuleuse dans l'imitation, et c'est pourquoi cette œuvre satisfait à toutes les conditions du grand Art et constitue une grande épopée et comme une véritable symphonie sculpturale empreinte d'un puissant souffle artistique qui commande l'admiration, et nous pouvons bien dire ici que, dans ce puissant coup d'aile qui lui a fait toucher de son front la voûte même de l'idéal, M. de Saint-Vidal a de beaucoup dépassé le but indiqué par Alexandre Dumas quand il lui écrivait : « Vous avez tout ce qu'il « faut pour continuer Carpeaux ! »

IV

CONCLUSION

Nous sera-t-il permis, en terminant, de formuler un vœu? C'est que cette grande composition ne reste pas ainsi à l'état de fragile modèle en plâtre et qu'elle reçoive, au contraire, promptement la consécration définitive d'une forme durable par son exécution soit en beau marbre blanc de Carrare ou bleuté de Saint-Béat, soit, tout au moins, en bronze recouvert, comme d'un épiderme, d'une belle patine teintée vert chrome sur les surfaces et vert bleuâtre dans les creux, patine qui résiste le mieux à l'air et qui rappelle, d'ailleurs, la patine du bronze antique caractérisé par des reflets verts et bleus avec de grandes parties brunes et d'autres où le cuivre est à nu et dont l'aspect est toujours celui d'un bronze exposé depuis de longues années à l'intempérie des saisons*.

Toutefois, nous ne dissimulons pas notre préférence pour le marbre qui, comme l'a dit M. de Lacretelle, « a les étincelles, les « rayonnements, et la pureté du génie poétique, » et nous ajouterons, nous, après lui, « les frémissements de la vie! » Car jamais œuvre sculpturale ne mérita mieux que celle de M. de Saint-Vidal les honneurs du marbre sur lequel, après une habile mise au point, le grand artiste, dans un savant coup de pouce, serait heureux de promener les affectueuses caresses de son ciseau, impatient de nous honorer d'un magnifique poème de marbre, chef-d'œuvre de la Statuaire contemporaine!

Le grand statuaire Clésinger n'a-t-il pas dit: « La terre, c'est la « vie! le plâtre, c'est la mort! le marbre, c'est la résurrection? »

Souhaitons donc que, soucieux de l'encouragement et de la protection due aux grands artistes, le pouvoir compétent, exhumant de son cercueil de plâtre cette grande œuvre, en ordonne la prompte résurrection dans l'emplacement qui en assure le mieux sa mise en relief, au centre du Jardin des Tuileries, ce grand musée de la Statùaire, dans le prolongement de l'axe du pont de Solferino

* Depuis, d'ailleurs, la patine sombre d'Herculanum jusqu'à la chaude patine des Florentins de la Renaissance, depuis la patine bleue de Pompéi jusqu'à la patine vernie des Japonais, il y a mille nuances qu'un artiste doit choisir après les avoir comparées et en avoir calculé l'effet à l'égard de l'œuvre dont il s'occupe. Barye obtenait lui-même, à force de travail et de soins, les magnifiques teintes couleur de malachite qui donnent un si vif relief à ses bronzes et font l'admiration de tous les amateurs.

aboutissant à la rue de Castiglione, c'est-à-dire au cœur même de cette grande capitale qui, malgré notre époque profondément troublée, est encore et toujours le fulgurant foyer de la Civilisation et des Beaux Arts !!!

TABLE

Achevé d'imprimer

LE DEUX MAI MIL HUIT CENT QUATRE-VINGT-NEUF

PAR

ALPHONSE LEMERRE

(Th. Bret, *conducteur*)

25, RUE DES GRANDS-AUGUSTINS, 25

PARIS

www.ingramcontent.com/pod-product-compliance
Ingram Content Group UK Ltd.
Pitfield, Milton Keynes, MK11 3LW, UK
UKHW021629260726
13994UKWH00003B/1139